COUR D'APPEL DE LIMOGES.

CHAMBRES RÉUNIES EN ASSEMBLÉE GÉNÉRALE,
LES 20 ET 27 NOVEMBRE 1872.

RAPPORT

PRÉSENTÉ

PAR M. J. LACOINTA,

AVOCAT GÉNÉRAL,

AU NOM DE LA COMMISSION CHARGÉE PAR LA COUR
DE PRÉPARER UNE RÉPONSE
AUX QUESTIONS DE L'ASSEMBLÉE NATIONALE

SUR LE

RÉGIME PÉNITENTIAIRE.

LIMOGES

Mme Ve H. DUCOURTIEUX, IMPRIMEUR DE LA COUR

5, RUE DES ARÈNES, 5

M DCCC LXXII

RAPPORT

SUR LE

RÉGIME PÉNITENTIAIRE.

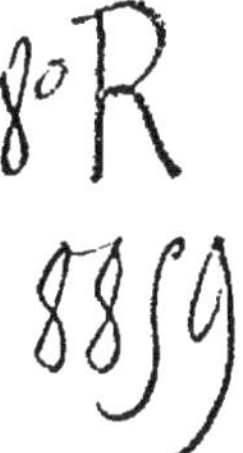

RAPPORT

PRÉSENTÉ

PAR M. J. LACOINTA,

AVOCAT GÉNÉRAL,

AU NOM DE LA COMMISSION CHARGÉE PAR LA COUR
DE PRÉPARER UNE RÉPONSE
AUX QUESTIONS DE L'ASSEMBLÉE NATIONALE

SUR LE

RÉGIME PÉNITENTIAIRE,

LIMOGES

Mme Ve H. DUCOURTIEUX, IMPRIMEUR DE LA COUR
5, RUE DES ARÈNES, 5

M DCCC LXXII

Aujourd'hui, 27 novembre 1872, la Cour s'est réunie en assemblée générale dans la Chambre du Conseil, sur la convocation et sous la présidence de M. Hippolyte Lézaud, Premier Président.

Étaient présents :

MM. LÉZAUD, Premier Président (C ✳) ; MOSNIER (✳), ARDANT (✳) Présidents de chambre ; PABOT-CHATELARD (✳), PEYROT (✳), DUMONT SAINT-PRIEST (✳), SOHET-THIBAUT (✳), DUBÉDAT, MOUGENC, DE SAINT-AVID (✳), GROSSET, LEMAIGRE, DU CHAYLARD, CHARAIN, JOUHANNEAUD (✳), SUDOUR, BARTHELON, RIGAUT, BOUTAUD-LACOMBE, Conseillers.

M. CHAMIOT, Procureur général ;

MM. VÉTELAY et LACOINTA, Avocats généraux ; MAZEAUD et DE FONTAINE DE RESBECQ, Substituts.

M. Ernest PÉNICAUD, Greffier en chef.

M. le Premier Président indique à la Cour qu'elle est convoquée pour entendre le rapport rédigé par M. l'Avocat Général Lacointa, au nom de la Commission chargée de répondre aux questions posées par l'Assemblée nationale sur le régime pénitentiaire.

Le rapport de ce magistrat est ainsi conçu :

Monsieur le Premier Président,

Messieurs,

Répondant au vœu de l'Assemblée nationale, M. le Garde des Sceaux a bien voulu inviter, en même temps que les autres Cours de France, la Cour d'appel de Limoges à exprimer son avis relativement aux projets de réforme du *système pénitentiaire*. Vous avez nommé, pour étudier ce grave sujet, une commission, (1) qui m'a honoré du mandat d'être son organe.

Les questions qui vous sont posées, Messieurs, touchent aux principes les plus élevés de la législation et des institutions sociales. Le champ est vaste, et c'est à peine si l'on peut se résoudre à le parcourir rapidement. Les savants travaux accumulés depuis cinquante ans, les observations des criminalistes, les méditations des penseurs, les résultats de l'expérience dans les deux hémisphères, les constatations pratiques de la vie judiciaire permettent cependant de renfermer dans un tableau sommaire, tracé en quelques

______

(1) Étaient membres de cette commission : M. Mosnier, président de Chambre, *président*; MM. les conseillers Peyrot, Dubédat, Maurat-Ballange, Lemaigre et M. l'avocat général Lacointa, *rapporteur*. Le travail de ce magistrat, qui, en le rédigeant, ne prévoyait point qu'il fût destiné à l'impression, a été lu à la Commission et adopté par elle, dans sa séance du 19 août 1872.

jours, la synthèse des réponses de votre commission.

La communication de l'Assemblée nationale embrasse, à tous ses points de vue, l'ensemble du système pénitentiaire : hiérarchie et modes d'exécution des peines, administration intérieure des prisons, harmonie à maintenir entre les lois criminelles et la réglementation des mesures répressives, reclassement des libérés dans la société, aucun aspect du sujet n'est omis.

L'Assemblée ne désirant de nous ni l'exposé doctrinal des principes du système pénitentiaire, ni une esquisse historique des tentatives et des essais qui s'y réfèrent, ni une étude laudative ou critique des thèses soutenues par d'éminents esprits, nous ne devons nous attacher, pour entrer dans ses vues, qu'à exprimer succinctement notre avis sur les différents points soumis à notre examen. Sacrifiant, en la forme même, nos préférences au cadre qui est placé sous nos yeux, nous présenterons nos observations dans l'ordre indiqué : afin que les réponses soient plus nettes et plus directes, nous suivrons, une à une, sans préambule, les questions posées, en renonçant au dessein, un instant conçu, de résumer les idées de la commission suivant le plan que nous aurions volontiers adopté, mais qui eût été peut-être moins en rapport avec le but poursuivi.

Le questionnaire se divise en trois parties :

I. RÉGIME DES PRISONS ;

II. PATRONAGE ET SURVEILLANCE ;

III. RÉFORMES LÉGISLATIVES.

I. — Régime des prisons.

1° Quel est l'état actuel des différents établissements pénitentiaires situés dans votre ressort, en envisageant ces établissements, au point de vue hygiénique et au point de vue de la séparation ou de la promiscuité des détenus ?

2° Quels efforts sont faits dans ces établissements pour prévenir la corruption des détenus les uns par les autres et pour arriver à leur moralisation ?

Sous le rapport hygiénique, l'état des établissements pénitentiaires du ressort est satisfaisant. On nous signale les conditions particulièrement favorables, à cet égard, des prisons de Tulle et de Brive, où n'a jamais sévi aucune épidémie, alors même que ces villes en étaient atteintes.

Nous n'avons à noter comme insalubres que des salles servant de cachots dans la maison d'arrêt d'Aubusson.

Les prisons de Limoges sont situées, au point de vue de l'hygiène, sur un excellent emplacement. Au point de vue de l'aération, cependant, l'aménagement des constructions laisse à désirer.

Ces dernières prisons sont les seules du ressort qui soient édifiées d'après le plan cellulaire.

Dans toutes les autres, les détenus couchent dans des dortoirs, sauf à Brive et à Bourganeuf, où la disposition intérieure des bâtiments et le petit nombre des détenus permettent d'affecter pour la nuit une chambre distincte à chacun d'eux.

Des rondes nocturnes sont faites, nous assure-t-on, pour prévenir de honteuses infractions. Des gardiens sont, toutes les fois qu'il est possible, préposés d'une manière constante à la garde de chaque dortoir; mais dans quelques prisons, à Aubusson notamment, l'insuffisance du personnel rend difficile l'application de cette mesure, le gardien-chef et sa femme étant seuls pour surveiller quatre dortoirs.

Avec le système de la réunion des détenus dans des salles communes pendant la nuit, les abus sont inévitables, quelle que puisse être la vigilance des agents de l'administration.

Dans la prison cellulaire de Limoges, où des craintes de ce genre ne devraient pas être possibles, le mal est parfois beaucoup plus grand encore. Au moment, par exemple, où nous recueillions nos renseignements, 114 personnes étaient enfermées dans les maisons de justice, de correction et d'arrêt de cette ville. Or, 88 cellules seulement y sont établies. Plusieurs de ces étroits locaux renfermaient donc chacun deux ou trois détenus. Peut-on rien imaginer de plus funeste, sous le rapport autant de la santé que des bonnes mœurs?

Ce fâcheux état de choses se reproduit toutes les fois que le nombre des détenus excède celui des cellules. Il serait aisé d'y remédier provisoirement, à peu de frais. Il suffirait, en attendant l'agrandissement des bâtiments, de créer dans l'une des vastes salles du second étage, un dortoir supplémentaire, où seraient disposés, sous la surveillance des gardiens, les lits destinés à ceux des détenus qui dépasseraient le chiffre réglementaire. Ayant constaté, en février et ces jours derniers, un fait aussi grave, nous avons aussitôt demandé que l'on recourût à ce moyen très simple. Ces doléances ont été soumises à M. le Garde des Sceaux et exprimées à M. le Préfet de la Haute-Vienne.

Nous n'avons point à parler de la maison centrale de Limoges, puisque ses bâtiments, abandonnés depuis dix-huit mois par l'administration, sont transformés en caserne.

3° Les prisons doivent-elles être placées sous le contrôle d'une autorité centrale ? — L'autorité centrale doit-elle partager les pouvoirs de l'administration avec l'autorité locale et dans quelle mesure ?

Dans leur beau livre sur *le Système pénitentiaire aux États-Unis et sur son application en France,* MM. de Beaumont et de Tocqueville s'élèvent contre « l'extension trop grande qu'a reçue chez nous le » principe de centralisation, qui forme la base de » notre société politique. — Il est sans doute, disent-» ils, des intérêts généraux pour la conservation des-» quels le pouvoir central doit garder toute sa force » et son unité d'action. Toutes les fois qu'il s'agit de » défendre le pays, d'assurer sa dignité au dehors et » sa tranquillité au dedans, le gouvernement doit » donner une impulsion uniforme à toutes les parties » du corps social ; c'est un droit dont on ne saurait » le dépouiller sans compromettre la sûreté publique

» et l'indépendance nationale. Mais autant cette di-
» rection centrale imprimée aux objets d'intérêt géné-
» ral est nécessaire à la force politique d'un pays tel
» que le nôtre, autant cette même centralisation
» appliquée à des objets d'intérêt local nous semble
» contraire au développement de la prospérité intérieu-
» re. — Il nous a paru que le succès des nouvelles pri-
» sons des États-Unis est dû principalement au système
» d'administration locale, sous l'influence duquel
» elles se sont formées. — L'État, en se dépouillant du
» droit de diriger les prisons, abandonnerait une
» prérogative qui n'est qu'onéreuse pour lui, sans
» être bienfaisante pour les départements. Il conser-
» verait un droit d'impulsion, de contrôle et de sur-
» veillance ; mais, au lieu de faire lui-même, il verrait
» agir. »

Nous adhérons, en théorie, à ce souhait. Sans doute,
les lois des 22 juillet, 29 septembre et 6 octobre 1791
posaient, en principe, que la surveillance des prisons
appartiendrait à l'autorité municipale, et leur direction
à l'autorité administrative du département. Mais ces
lois n'ont jamais reçu qu'une exécution incomplète et
ont été d'ailleurs modifiées. Les départements français
ne peuvent être comparés aux diverses fractions de
la République des États-Unis d'Amérique. L'organisation récente des conseils généraux constitue bien,
depuis le 10 août 1871, un notable effort de décentra-
lisation ; mais les tendances de l'administration ne se
sont pas encore localisées ; la vie politique, dans le
vrai sens de ce mot, n'est point encore entrée dans les

mœurs du département, qui demeure une circonscrip-
tion administrative, sans être devenu une individualité
se suffisant à elle-même. Dans ces conditions, il ne
nous semble pas possible de donner à chaque conseil
général la faculté de régler, selon ses vues, le système
pénitentiaire. Les divisions sont si vives en ce qui touche les principes sociaux, qu'il serait à craindre que les
directions les plus contradictoires ne fussent imprimées
au service des prisons. Le temps présent est peu pro-
pice à des essais de ce genre.

Chacun sait que depuis la loi du 5 mai 1855, les
dépenses des maisons d'arrêt, de justice et de correction, précédemment inscrites aux budgets départe-
mentaux, sont mises à la charge de l'État : les départements n'ont qu'à veiller à la conservation des
bâtiments ; ils sont étrangers à l'administration intérieure des prisons, sous le rapport tant matériel que
moral. Tout en maintenant, pour le bien général, l'u-
nité de direction entre les mains de l'État, le conseil
général devrait être autorisé à déléguer quelques-uns
de ses membres dans le but de se rendre compte du
fonctionnement du service; il émettrait un avis sur ses
défectuosités et sur les améliorations qu'il croirait devoir proposer.

L'impulsion administrative vient donc du ministre
de l'intérieur et de nul autre. Quant à la police, elle
est confiée par l'article 613 du Code d'instruction criminelle, dans les départements, aux préfets ou aux
maires, selon les cas. Il est à regretter qu'en général,
ces fonctionnaires s'occupent médiocrement ou ne s'oc-

cupent même point de la mission de police qui leur est attribuée sur les prisons.

L'article 613 a subi, le 14 juillet 1865, une modification qui nuit gravement à l'œuvre de la magistrature. L'attention de l'Assemblée nationale nous paraît devoir être appelée sur l'état de choses résultant de cette réforme et des circulaires qui l'ont suivie. Que le ministre de l'intérieur soit seul chargé de l'administration des prisons ; que la police appartienne au préfet ou au maire ; que la magistrature soit étrangement condamnée à l'impuissance de rien améliorer dans les prisons ; que le ministre de la justice (ce qui est difficilement compréhensible) ne puisse point y exercer son autorité, c'est regrettable ; mais que l'état de dépendance des *prévenus* et des *accusés* envers l'autorité judiciaire soit profondément dénaturé et parfois annihilé, c'est ce qui semble ne pouvoir durer.

Aujourd'hui, ni le président des assises, ni le juge d'instruction, ni le procureur général ou le procureur de la République, n'ont le droit d'autoriser la communication d'une personne du dehors avec un prévenu ou un accusé. Ce droit est exclusivement réservé à l'autorité administrative. Lorsque les magistrats accordaient cette autorisation, ils la délivraient eux-mêmes. Jamais un secrétaire de parquet ou un greffier, quelle que fût la confiance dont il était investi, ne se serait permis de concéder lui-même cette autorisation. Les magistrats décidaient toujours personnellement ; lorsqu'ils refusaient leur agrément à la communication, ce n'était point dans le dessein de mettre le prévenu au secret; mais informés de toutes les circonstances de l'affaire, ils étaient favorables aux entretiens du détenu avec telle personne et contraires à ce que telle autre le visitât, parce qu'ils étaient en mesure d'apprécier s'il devait y avoir péril soit pour l'instruction, soit pour la moralité du prévenu. — Maintenant, que se passe-t-il ? Le préfet ou le maire ne traite jamais ui-même, — à la différence de ce qui a lieu, au Palais, — les questions de ce genre. Un chef de bureau honorable, mais qui n'a pas la vraie responsabilité du fonctionnaire, autorise, dans presque tous les cas, la communication demandée, sans avoir aucune notion de l'affaire qui concerne le détenu, de sa situation de famille et de la qualité réelle des visiteurs. Un témoin que vient d'entendre le juge d'instruction et qui a été admonesté parce qu'il a paru trahir la vérité, peut aller à la mairie ou à la préfecture, pour être mis en rapport avec l'inculpé, auquel il racontera des incidents que, le lendemain, le magistrat croira ignorés de lui. Une concubine, à laquelle la procédure assignera un rôle odieux, un tiers gravement compromis, quoique non encore atteint par la justice, pourra dans les bureaux de l'administration, avec la qualité usurpée de parent, avoir accès auprès du détenu. La justice, éclairée par l'étude du dossier, empêcherait de tels abus. — En ce moment, elle ne le peut pas régulièrement. Le président d'assises et le juge d'instruction n'ont qu'une ressource, — ressource suprême, — l'interdiction absolue de toute communication ; ils n'en usent guère une fois par an, même dans de grandes prisons ;

ils préfèrent laisser la procédure en péril que manquer
au sentiment de mansuétude qui est dans leur cœur.
Pourquoi d'ailleurs les obliger à une telle option, alors
que, tout en appelant de leurs vœux les entretiens du
détenu avec d'honorables visiteurs, ils n'entendent
écarter de lui que des gens fourbes ou immoraux ?

L'article 613 ne peut être défendu ; car l'administration elle-même consent généralement, en pratique, à soumettre ses autorisations au visa des magistrats ; puisqu'en fait, cet article n'est pas exécuté
strictement et qu'on juge impossible d'obéir à ses
prescriptions, peut-il rester debout ? — La magistrature aime la règle, veut se conformer à la loi et ne
point agir *par tolérance*, d'autant plus que le visa
qu'on lui permet d'apposer est une simple formalité et
que le magistrat (il a tort, mais ne peut-il être excusé ?)
signe souvent à regret, parce qu'il n'ignore pas qu'un
refus pourrait provoquer légalement, de la part de
l'administration, une demande expresse de l'interdiction absolue, mentionnée dans l'article 613 et à
laquelle il ne veut pas recourir.

Cet article est défectueux, à tous les points de vue :
le droit de *veto* n'est reconnu qu'au président d'assises et au juge d'instruction ; si les prévenus ou les
accusés dépendaient toujours d'eux, l'indication de ces
autorités suffirait ; mais l'inculpé, pendant les vingt-
quatre heures qui peuvent s'écouler entre son arres-
tation et le réquisitoire introductif, — le prévenu, dans
l'intervalle de temps qui s'écoule de l'ordonnance de
renvoi soit au jugement correctionnel, soit à l'arrêt

de la chambre des mises en accusation, — l'accusé, pendant la durée de l'examen du pourvoi en cassation, relèvent-ils, en quoi que ce soit, de l'un ou de l'autre de ces deux magistrats, non encore saisis ou dénantis ? Est-il explicable que le législateur qui, le 20 mai 1863, donnait, en cas de flagrant délit, à l'officier du parquet le droit de placer un inculpé sous mandat de dépôt, ait oublié ce même magistrat dans l'indication des autorités judiciaires qui doivent avoir qualité pour s'opposer à la communication ? L'article 613 aurait dû dire que cette faculté d'opposition appartiendrait au magistrat, à la disposition duquel l'inculpé serait tenu. Nos lois sont si nettes à cet égard, qu'aucune confusion, aucun conflit ne résulterait de cette disposition, et les inconvénients que permet de constater quotidiennement la pratique judiciaire seraient écartés.

La réforme devrait être plus complète, non certes pour conférer une prérogative à la magistrature, mais dans l'intérêt de la justice. On ne peut être associé à l'œuvre de l'instruction criminelle sans en être convaincu. Les permissions devraient être données par le magistrat compétent jusqu'au jour où le prévenu entre dans la catégorie des condamnés.

Que l'on ne parle point de la surveillance des gardiens pendant la durée des visites. Ils ne peuvent suivre à la fois plusieurs conversations qui ont lieu à demi-voix : l'expérience donne la certitude que l'échange des pensées est aussi libre que possible, et lorsque fortuitement il semble pouvoir être gêné, des gens qui sont habitués à se comprendre causent à mots couverts avec une singulière facilité. Il serait donc imprudent de se reposer, quant à ce, en la vigilance de gardiens souvent peu perspicaces et qui, ignorants d'ailleurs des circonstances d'une procédure, peuvent considérer comme sans valeur une parole d'une portée considérable. La justice ne doit d'ailleurs consentir à rien savoir de conversations qui seraient ainsi surprises. Ce qui importe, c'est de les empêcher, lorsqu'elles sont périlleuses pour la manifestation de la vérité.

Pourquoi le Parquet a-t-il aussi perdu le droit de veiller à l'exact élargissement des condamnés ?

4° Quelles conditions sont actuellement exigées pour faire partie du personnel des prisons dans les prisons d'hommes et de femmes ? — Comment se comporte ce personnel, et quelles modifications y aurait-il lieu d'apporter dans son organisation et dans son mode de recrutement ?

Un décret du 24 décembre 1869 règle l'organisation du personnel des prisons et des établissements pénitentiaires. Ce décret, complété par les arrêtés ministériels des 25 décembre 1869 et 15 septembre 1870, détermine les conditions de tout genre relatives au personnel. Le rapport qui l'accompagne indique la pensée qui a présidé à sa rédaction : une circulaire du 15 septembre 1870 transmet les instructions nécessaires pour l'exécution du décret. Il est à souhaiter que les dispositions de ce document soient fidèlement observées et que les préposés à l'administration, au

service et à la garde des prisons soient toujours de
hommes probes et moraux. Il arrive qu'il n'en est pas
ainsi : des instincts de cupidité, de violence ou de dé-
bauche, des habitudes de négligence amènent des
faits ou créent des abus que la magistrature a malheureusement parfois à déplorer.

Les lois, les réformes sont vaines sans le concours
de fonctionnaires scrupuleusement attachés à la discipline et pénétrés du sentiment de l'honneur. « *Tant
valent les hommes, tant valent les systèmes.* » Aucune
parole n'est plus vraie : elle dit l'indispensable nécessité de recruter un personnel digne de remplir vis-à-
vis des détenus les devoirs qui incombent à la société
elle-même. — D'un autre côté, remarque avec raison
M. de Forcade La Roquette, dans son rapport, « si la
» direction du régime économique d'un grand éta-
» blissement exige une entente des détails, une étude
» approfondie des règlements, une application conti-
» nuelle, combien ne faut-il pas une expérience plus
» exercée, une surveillance plus assidue et un con-
» trôle plus intelligent, lorsque l'administration se
» trouve en face d'un entrepreneur dont les intérêts
» sont directement contraires à ceux de l'Etat et qui
» est excité à grossir les bénéfices de sa spéculation,
» en s'efforçant d'en éluder les obligations au détri-
» ment des détenus ou au préjudice de l'Etat! » C'est
l'un des graves inconvénients du régime de l'entreprise, relativement auquel nous aurons à nous
expliquer tout à l'heure. Que de dangers dans cette
situation de surveillant, faite à un gardien-chef, au

modique traitement de 1,500 francs, par exemple, de
1.000 francs souvent, à des gardiens ordinaires encore
moins rétribués, en présence et au contact d'entrepreneurs dont la gestion embrasse habituellement les
prisons de tout un département !

Le 3 juillet dernier, s'est ouvert, à Londres, le
congrès international des prisons, dû à l'initiative
éclairée du docteur Wines, secrétaire correspondant
de la *Prison-Association* de New-York. Le congrès de
Cincinnati avait préparé, en 1870, le programme de
ces assises pénitentiaires, dont M. Wines annonçait
lui-même la tenue à l'Académie des sciences morales
et politiques, dans la séance du 2 septembre 1871.
Durant la session du congrès universel, qui avait
réuni des représentants du monde entier, ont été
agitées notamment deux questions qui se rapportent
au sujet que nous examinons.

La première se formule ainsi : « N'est-il pas pos-
» sible d'associer à la surveillance les détenus dont la
» conduite est satisfaisante et qui n'ont pas commis
» des méfaits impliquant un grave degré d'immo-
» ralité? » — L'expérience a été tentée dans quelques
prisons étrangères, et on a constaté, assure-t-on, que
les détenus choisis pour concourir à la surveillance
sont, en général, de rigides observateurs de la règle :
ceci peut souvent s'expliquer par la crainte qu'ils
doivent éprouver de perdre, en négligeant leur mission,
les faveurs et les adoucisssements de régime que comporte cette marque de confiance. Mais cette idée ne
paraît pas devoir être accueillie : qui déciderait que tel

détenu est digne d'être désigné? — A quels abus ne conduirait point le choix d'un condamné, qui dissimulerait sous des dehors menteurs une perversité profonde? — N'importe-t-il point, au contraire, de ne jamais investir du mandat de surveillant, à un degré quelconque, aucun des détenus, afin de ne point faire descendre du rang auquel il est nécessaire de la maintenir la fonction de gardien? — Celui-là seul qui est réputé honnête et qui a des antécédents irréprochables doit être admis à l'exercer : ce serait l'amoindrir que de la confier, dans quelque mesure que ce fût, à des gens frappés par la justice, au moment même où ils subissent leur peine. Le détenu doit respecter celui qui est préposé à sa garde. Respecterait-il un codétenu? — Celui-ci ne pourrait-il être intimidé par des menaces, par la perspective d'une vengeance possible, lors de la libération? — Du reste, il ne faudrait pas moins *custodire custodes,* et cette seule remarque suffît à faire rejeter l'idée dont nous parlons.

Loin d'abaisser par aucune innovation la mission de surveillance à exercer dans les prisons, il importe d'en rehausser, s'il est possible, le prestige. N'est-ce point dans ce but que M. Bérenger avait proposé de confier à des fonctionnaires choisis au sein de la magistrature la direction des établissements pénitentiaires? De beaux exemples ont été donnés ; mais ils sont rares, et pour rendre saisissant le malheureux état de notre système répressif, il suffit de considérer la situation médiocre faite au personnel des prisons. Tant que l'opinion publique sera amenée à voir un abîme entre le rôle des hommes qui jugent et la tâche de ceux qui sont chargés de l'amélioration des condamnés, le régime pénitentiaire sera défectueux. Tous les efforts devraient tendre à montrer que l'une et l'autre œuvre sont également dignes de séduire les esprits élevés et les cœurs généreux,

Voici la seconde question qu'il convient de signaler : « N'est-il pas indispensable d'organiser l'adminis- » tration intérieure des prisons, de telle manière que » la surveillance des femmes détenues soit exclusive- » ment exercée par des personnes de leur sexe, sans » accès des gardiens de l'autre sexe dans leur quar- » tier? » — En principe, la solution ne peut être douteuse. Il serait à désirer qu'il en fût ainsi partout. Dans certaines prisons importantes, la division est absolue : des religieuses sont renfermées avec les femmes, dans un local distinct, dépendant de l'établissement pénitentiaire qui le comprend, mais où le gardien-chef lui-même ne pénètre qu'introduit et accompagné par une des surveillantes. Si cette mesure était générale, on n'aurait jamais à constater les faits immoraux qu'ont révélés certaines enquêtes judiciaires. Mais comment installer dans des prisons secondaires, où l'on ne rencontre quelquefois, en même temps, qu'une, deux ou trois femmes, un service spécial et distinct? Il faut reconnaître que c'est bien difficile. — Dans toutes les grandes prisons, la division devrait être complète, radicale : les meilleurs résultats en découleraient. Dans les maisons d'arrêt d'arrondissement, on sera, nous le

supposons, conduit à laisser les femmes à la garde
de l'épouse, de la mère ou de la sœur du gardien-
chef : on devrait tout au moins imposer à celui-ci
comme règle absolue et comme un devoir, dont l'inob-
servation constituerait une faute grave, l'obligation
de ne jamais pénétrer dans le quartier des femmes,
sauf les cas dans lesquels des actes de violence néces-
siteraient de la part de la surveillante un recours à la
force.

On ne se préoccupe pas assez, lorsqu'on choisit le
gardien-chef, de la moralité de sa femme, associée à
l'administration, des membres de sa famille, de la
présence de tel fils dissipé, de telle fille légère, dont
la cohabitation peut rendre funeste le choix du meilleur préposé.

Le personnel du service des prisons est, quoique à
des degrés divers, assez convenable dans le ressort de
la Cour. — Nous avons le pénible devoir de noter un
fait heureusement bien rare : le 22 juillet dernier, un
gardien ordinaire, qui appartenait depuis douze ans
à l'administration, a organisé et préparé lui-même
l'évasion d'un dangereux malfaiteur, d'un aventurier,
avec lequel il s'est enfui des prisons de Limoges.
Le condamné a été ressaisi : le gardien n'a pu être
encore atteint. Plus d'une mauvaise action, plus
d'une violation des règlements, — nous en avons la
preuve, — avaient précédé cette audacieuse entreprise.

5° Quelle est l'étendue et quelles doivent être les garanties du pouvoir disciplinaire attribué aux directeurs et aux gardiens-chefs ?

L'article 101 du règlement du 30 octobre 1841 édicte les peines qui peuvent être infligées aux détenus dans les prisons départementales ; mais dans ces prisons, le droit de les prononcer appartient au directeur statuant seul ou, lorsqu'il n'y a pas de directeur, au gardien-chef Le directeur agit sans être obligé d'en référer à aucune autorité ; le gardien-chef, aux termes de l'article 37 de ce règlement, doit en référer au maire dans les vingt-quatre heures, au plus tard. La tenue d'un registre des punitions est prescrit par l'article 38 : les motifs de chacune doivent y être énoncés et visés par le maire, en regard du nom du détenu puni. Ces dispositions ne sont pas, en général, exactement observées. Aucun contrôle régulier n'est exercé.

Pour les maisons centrales, la réglementation de la répression est de beaucoup meilleure : l'arrêté du 8 juin 1842 organise une justice disciplinaire, un véritable tribunal, où siège le directeur, qui s'entoure, avant de décider, de l'avis des assesseurs désignés par cet arrêté. Un certain appareil accompagne le fonctionnement de cette juridiction.

S'il est difficile, dans les prisons départementales, surtout dans les prisons d'arrondissement, de constituer une justice disciplinaire analogue, il serait indispensable que des garanties missent les détenus à l'abri de toute mesure arbitraire. Outre le strict accomplissement des dispositions des articles 37 et 38, il serait nécessaire d'imposer au gardien-chef l'obligation de rendre compte des punitions à la commission de surveillance qui, de concert avec le maire, prendrait des mesures pour que, soit par elle-même, soit par des délégués pris dans son sein, la décision du gardien-chef fût immédiatement examinée et, selon les cas, confirmée, rapportée ou modifiée : le détenu serait admis à fournir ses explications.

Lorsqu'il y a un directeur, il n'est référé pour les punitions à aucune autorité. Un contrôle semblable devrait être organisé.

Aucune action efficace n'étant exercée actuellement dans les prisons ni par l'autorité préfectorale, ni par l'autorité judiciaire, les directeurs ou gardiens-chefs ont un pouvoir exclusif, sous certains rapports, par trop autocratique. En matière de répression, il importe de prévenir l'arbitraire du meilleur agent ; en introduisant dans les établissements pénitentiaires quelque chose de la régularité de l'œuvre judiciaire, on grandirait, aux yeux des détenus, l'ascendant du pouvoir disciplinaire, on le ferait plus sûrement respecter. Les décisions du directeur ou du gardien-chef seraient exécutées sans sursis, à cause de l'urgence qui se rencontre habituellement, en pareil cas ; mais le contrôle interviendrait rapidement, et il n'arriverait plus, comme aujourd'hui, que des punitions soient prononcées et subies, sans que nulle autorité le sache, en dehors de la prison, sans même que le registre réglementaire en fasse mention.

6° Quelle place est faite dans les prisons à l'ensei-
gnement religieux et à l'enseignement primaire ? —
Comment, et à l'aide de quel personnel, est organisé ce
double enseignement ?

Dans les maisons centrales, l'enseignement primaire est organisé au profit de ceux des détenus qui
sont admis à y prendre part. Cet enseignement y est
incomplétement établi, de même que l'enseignement
religieux.

Dans les prisons départementales et dans les
prisons d'arrondissement, l'enseignement primaire
n'existe pas et l'enseignement religieux est entièrement insuffisant.

I. — L'article 121 du règlement du 30 octobre 1841
est ainsi conçu : « L'enseignement primaire *pourra*
» être donné à ceux des détenus que la commission
» de surveillance *jugera dignes* de profiter de cet en-
» seignement. » La faculté, on n'en use pas. Pourquoi, du reste, y aurait-il pour l'enseignement des
privilégiés et des exclus ? Cet article ne saurait être
approuvé : l'organisation de l'enseignement ne devrait pas demeurer une chose incertaine ; l'Etat devrait être tenu de l'établir, et il faudrait que ce fût,
non pour quelques-uns, mais pour tous.

Il y a huit ans, Messieurs, alors que la thèse de
l'instruction obligatoire et gratuite n'était pas l'objet
des préoccupations ardentes que cette question moti-
ve aujourd'hui, nous nous étions dit qu'il était sur-
prenant, —alors que l'on songeait, au milieu de tant de
difficultés, à atteindre et à réunir quand même des

enfants dispersés dans les champs, à de grandes dis-
tances des villes et des bourgs, — de voir négliger, d'une
manière absolue, des élèves rassemblés dans une enceinte qu'ils ne peuvent quitter, des écoliers dont l'as-
siduité est certes assurée. Sous l'inspiration de cette
idée, nous organisâmes officieusement dans la maison
d'arrêt de l'arrondissement, où nous dirigions le parquet, un modeste service d'enseignement et de lectures. Des livres furent mis à la disposition des détenus
que nous voyions avec bonheur lire, soit pour eux
seulement, soit à haute voix pour des groupes d'illet-
trés, des pages instructives et morales : d'autres cher-
chaient à connaître les éléments de l'alphabet; plusieurs s'essayaient à tracer les caractères écrits ; un ou
deux, dotés d'un certain degré de culture intellectuelle,
voulaient bien, lorsque nous jugions pouvoir leur confier cette mission, initier leurs compagnons aux con-
naissances qu'ils désiraient acquérir. Notre tentative
fut si imparfaite, si dénuée des ressources qui lui
étaient nécessaires, qu'elle ne pût réaliser complète-
ment notre dessein. Nous fûmes néanmoins assez
heureux pour constater de favorables résultats et la
joie de ceux qui les obtenaient. Nous adressâmes
au parquet de la Cour des rapports à ce sujet,
et nous rédigeâmes, pour l'administration universi-
taire, sur sa demande, une note rendant compte de
cette entreprise. Des prisonniers ont même écrit, après
leur libération, pour témoigner de leur gratitude.

Dans nos prisons *d'arrondissement*, Messieurs, il
n'y a, en général, ni travail, ni enseignement. Les

bons livres n'y pénètrent qu'accidentellement. A Limoges, à Tulle, à Chambon, un petit nombre de volumes sont entre les mains des gardiens-chefs.— A Ussel les détenus peuvent aussi lire quelques livres que les frères de la doctrine chrétienne mettent à leur disposition. — Nous souhaiterions que l'on fît partout, comme à Guéret, des lectures aux prisonniers réunis.

La société ne pense pas assez, sous le rapport moral, à ceux de ses membres qu'elle tient incarcérés : qu'il serait opportun de mettre fin à cette insouciance, de faire que le souvenir de la prison, souvenir triste et amer, fût adouci par la satisfaction d'en rapporter l'avantage de savoir lire ou écrire, d'être éclairé par d'excellentes lectures ! La répression étant bien près du non-sens, lorsqu'elle n'est pas accompagnée d'un effort vers la moralisation, nous voudrions que la mémoire de la correction fût inséparable de la mémoire d'un bienfait.

L'organisation de l'enseignement primaire serait facile dans toutes les prisons : les frères de la doctrine chrétienne et les instituteurs laïques prêteraient leur plus actif concours pour en faciliter le fonctionnement, et nous avons l'assurance que l'État n'aurait pas à leur donner des rénumérations élevées. La mise en œuvre n'effraie que parce qu'on ne l'a point suffisamment tentée.

L'enseignement primaire devrait donc être prescrit par les règlements dans toutes les maisons pénitentiaires, *sans en excepter aucune.*

Vous savez, Messieurs, — nous traiterons spécialement ce sujet dans quelques instants, — que l'administration économique des prisons est soumise au régime de *l'entreprise*. Ce régime, qui semble ne toucher qu'au côté matériel, touche à la direction morale elle-même. Il serait aisé de le démontrer, sous plus d'un rapport. Relativement au point qui nous occupe, nous citerons l'article 50 du cahier des charges, arrêté pour les prisons de Limoges par M. le Ministre de l'Intérieur, le 29 janvier 1872: le temps de tous les condamnés valides des deux sexes appartient à l'entrepreneur, moyennant les clauses et les conditions que renferme ce règlement ; les détenus admis à l'école élémentaire ne peuvent être distraits du travail qu'*une heure par jour;* un temps plus long consacré à l'enseignement pourrait donc motiver de la part de l'entrepreneur une réclamation, fondée en droit : l'Etat serait responsable vis-à-vis de lui du dommage résultant du défaut de travail d'un condamné *pendant plus d'une heure par jour !* Une telle disposition est-elle admissible? N'est-elle pas incompatible avec l'organisation de l'enseignement élémentaire?

II. — « Il est une seule fibre, disait, en 1847, un » des membres du congrès pénitentiaire, le profes- » seur Roussel, de Bruxelles, une seule fibre qui ne » disparaît point sous l'influence de la plus grande » perversité, c'est le *sentiment religieux ;* il est néces- » saire de le faire vibrer pour obtenir la correction du » condamné. » — L'altération croissante du sens moral dont l'observateur réunit tant de preuves, n'enlève rien à la force de cette vérité. Entre tous les efforts entrepris pour arriver à l'amélioration du condamné, il ne saurait y en avoir de plus puissant, de plus efficace que l'action religieuse : elle seule peut faire entrer profondément dans les âmes la pensée du repentir, la volonté de la régénération ; elle seule peut réaliser l'apaisement des passions mauvaises, consoler par la mansuétude et le pardon les cœurs ulcérés, les ramener au bien et relever les courages, en faisant entrevoir au plus meurtri, au plus abattu de divines espérances. Aussi le congrès de 1847, après une lumineuse discussion à laquelle prirent part Moreau-Christophe, de Beaumont, Ducpétiaux, Cerfberr, Frank-Faizer, affirma-t-il hautement cette opinion et formula-t-il, à l'unanimité, moins deux voix, le désir de voir confier cette action morale aux associations religieuses, qui peuvent appliquer la plus énergique, la plus persévérante résolution à la réforme des condamnés.

L'expérience a confirmé la haute légitimité de ces vœux et démontré par des exemples, admirés d'éminents écrivains de tout pays et de tout culte, que sans la charité, les tentatives d'amendement moral des condamnés ne seront jamais que des utopies. La charité se dévoue d'autant plus ardemment qu'est plus élevée la récompense qu'elle attend : elle l'espère, non des hommes, mais de plus haut ; c'est sur la grandeur du prix auquel elle aspire qu'elle mesure l'énergie de ses efforts et l'étendue de ses sacrifices. Votre commission, au sentiment de laquelle nous nous associons entièrement, nous a donné le mandat exprès d'insister sur cette partie de ses réponses.

Il est donc regrettable que l'enseignement religieux soit insuffisant dans les prisons départementales et d'arrondissement. Les détenus assistent, le dimanche et les jours de fête, aux exercices du culte ; l'aumônier leur adresse, chaque semaine, des allocutions ; mais il n'y a guère, pour les adultes, sauf à Guéret, d'*enseignement proprement dit*. C'est là une lacune grave dans l'œuvre de moralisation.

Le prêtre, le ministre du culte, quelle que fût la religion professée, les membres des associations charitables devraient être admis à exercer une action incessante sur les détenus ; des conseils fréquents aux prisonniers réunis, des entretiens particuliers, des marques réitérées de sympathie et d'intérêt contribueraient à les engager vivement dans une voie meilleure ; les administrateurs, les magistrats devraient participer activement à cette mission, à défaut de laquelle il ne saurait y avoir de système pénitentiaire digne de ce nom. S'il est des caractères rebelles, dont la patience et la bonté ne doivent pas cependant désespérer de triompher, s'il est des natures dissimulées, plus redoutables encore et d'une plus difficile amélioration, il est aussi des âmes pour lesquelles le mal a été comme une surprise et qui, émues du moindre témoignage de sympathie, se sentent fortement stimulées à bien faire, au contact d'un cœur bienveillant. Pourquoi nos prisons au dix-neuvième siècle, sont-elles, — il ne faut pas craindre de le dire, — des établissements délaissés de la société ? Quel fruit espérer de la répression subie dans de telles conditions par des hommes qui ne voient guère, durant leur incarcération, que les gardiens préposés à leur surveillance, et que la société néglige pendant l'expiation, pour les flétrir d'une invincible répugnance, à l'heure de la liberté?

Avons-nous besoin de dire que nous ne souhaitons ces conseils et ce charitable commerce que vis-à-vis des condamnés? — Aux prévenus et aux accusés, tous les adoucissements possibles : du travail, s'ils le désirent, des leçons, des distractions morales ; mais point de contact avec les magistrats, les administrateurs, pas même avec les ministres du culte, sauf le cas où leur vie serait en péril, afin que dans de tels entretiens, les inculpés ne soient pas exposés à prononcer un mot imprudent, eu égard à leur défense, afin de mettre au-dessus de toute suspicion les consolateurs de leur tristesse. L'instruction criminelle ne doit-elle pas se montrer loyale, délicate jusqu'au scrupule?

La société n'a pas à poursuivre l'amélioration des prévenus et des accusés : elle n'a qu'à les préserver de la corruption et de tout mal. Son devoir de moralisation a tout entier pour objet la catégorie des condamnés. C'est pour eux que l'article 122 du règlement du 30 octobre 1841 édicte cette disposition malheureusement inexécutée : « Chaque condamné » aura un compte moral ouvert au moyen d'un bulletin individuel sur lequel le directeur ou le gardien- » chef, l'aumônier, l'instituteur et les membres de la » commission de surveillance inscriront leurs obser- » vations et avis. Ce bulletin sera tenu, d'une manière » uniforme dans toutes les prisons de France et

» conformément au modèle donné par le ministre de
» l'intérieur. » Cette comptabilité morale n'a jamais
été tenue. La pensée élevée de l'arrêté de 1841 est
demeurée sans réalisation. Le détenu est libéré, sans
que sa situation morale ait été observée et constatée
par des témoins attentifs.

7° *Quel système est appliqué, principalement dans
les prisons départementales, au point de vue de la
classification des détenus en diverses catégories, et quel
est celui qui paraît le plus rationnel ?*

La classification des détenus est celle-ci : dans
toutes les prisons d'arrondissement, il y a des quartiers
distincts pour les prévenus, hommes, et les condamnés
du même sexe; le plus souvent la même division existe,
quant aux femmes, entre les prévenues et les condamnées ; cependant il arrive quelquefois, dans des
maisons d'arrêt de très peu d'importance, que cette
dernière distinction n'est pas faite. — Des locaux
particuliers sont réservés aux enfants prévenus, ou condamnés à une très courte détention : lorsque la peine
prononcée est de quelque durée, les jeunes détenus
sont envoyés dans une maison d'éducation correctionnelle. —Toutes les fois qu'il est possible, les passagers
ne sont pas mis en communication avec les autres
détenus. — Lorsque les préaux ne sont pas aussi
nombreux que les quartiers, les catégories s'y succèdent.

Dans les prisons départementales, trois quartiers
sont affectés aux hommes,—prévenus (maison d'arrêt),

— condamnés (maison de correction), — accusés (maison de justice). — A Limoges, existent aussi trois quartiers semblables pour les femmes ; mais à Tulle et à Guéret, il n'en est que deux pour celles-ci : les condamnées, d'une part ; de l'autre, les prévenues et les accusées, qui sont ensemble. — Des chambres et des préaux distincts sont réservés, soit aux faillis, soit aux passagers, soit aux enfants prévenus, avec la subdivision relative aux sexes. — A Limoges, les jeunes garçons prévenus sont seuls détenus dans la prison ; les condamnés sont immédiatement transférés dans l'établissement pénitentiaire de Fontgombault. Quant aux jeunes filles prévenues et condamnées, elles ne sont plus reçues dans la prison départementale : des mesures sont prises pour qu'elles entrent aussitôt dans la maison du Bon-Pasteur, établie au chef-lieu de la Haute-Vienne.

En admettant le maintien du système actuel et sous la réserve des observations que nous aurons ultérieurement à présenter, la classification des détenus, d'après les divisions que nous venons d'indiquer, nous paraît rationnelle.

Nous aurons à insister sur le mal immense qui résulte de la vie commune des prisonniers, des leçons ou des exemples d'immoralité qu'ils se donnent respectivement. Sans empiéter sur ces considérations, nous dirons que, si la séparation absolue des détenus n'est pas prescrite, il serait très opportun de créer dans chaque maison d'arrêt d'arrondissement, dans chaque prison départementale, le quartier de *préser-*

vation ou *d'amendement*, que l'on a eu l'heureuse idée de ménager dans les maisons centrales. Lorsqu'un prévenu aurait de parfaits antécédents, lorsqu'un condamné paraîtrait avoir gardé la claire notion du sens moral, ou quand un retour vers le bien semblerait faire espérer des résolutions efficaces, on éloignerait de l'ensemble des gens de sa catégorie pénitentiaire le détenu qui motiverait ces remarques. On chercherait à le mettre à l'abri d'une corruption rapide et souvent irréparable. Le triage est difficile ; qui le contesterait ? « L'étude de ces hommes, a dit M. Charles
» Lucas, est de faire mentir leur physionomie; ce n'est
» pas seulement la parole, c'est le regard, c'est l'ex-
» pression mimique qui, chez les détenus, doit déguiser
» la pensée : c'est le premier enseignement des prisons
» dans lequel ils réussissent d'autant mieux, qu'on
» rencontre plutôt encore chez eux de mauvaises que
» de violentes passions. » Malgré la justesse de cette appréhension, nous croyons que la distinction mérite d'être recherchée. Un prévenu, dont le passé est irréprochable, devrait-il être mis en rapport avec les vagabonds, les individus en rupture de ban, les repris de justice, les récidivistes incorrigibles qui voient presque toute leur vie s'écouler dans les prisons? Cette situation faite au prévenu est si affligeante qu'elle devrait contribuer à déterminer les mesures plus radicales dont nous aurons à vous entretenir. Comment un homme réputé innocent et qui bientôt peut-être sera acquitté ou même élargi sans jugement, est-il astreint à subir la flétrissure de ce contact? — Un argu-

ment pris de l'insuffisance des salles et des préaux dans nos établissements de détention ne peut suffire à pallier un si grand mal.

Nous ne pousserons pas plus avant l'étude des classifications. La science pénitentiaire nous offrirait les systèmes divers que les jurisconsultes et les économistes ont défendus : classification *d'après la peine encourue,* ou triage des *crimes ;* — classification *d'après la conduite,* ou triage des *moralités ;* — classification fondée sur la *position du condamné avant le jugement,* ou *triage des populations.* Il ne nous paraît pas que nous ayons à apprécier ici les savantes études de MM. Charles Lucas, Léon Faucher, Isidore Alauzet et d'autres éminents publicistes. En répondant tout à l'heure à une autre question, nous compléterons, du reste, l'expression de notre pensée.

Nous nous bornons à demander, si le régime actuel est continué, que les détenus, présumés bons ou moins mauvais, soient affranchis de tout rapport avec les gens notoirement gangrenés. Ce rapprochement forcé n'est-il pas, à la fois, une injustice et un péril ? Il est peu difficile, ce semble, de ménager une réglementation qui donne satisfaction à ce vœu.

8° *Que faut-il penser de la réunion, dans les maisons centrales, des condamnés correctionnels avec les réclusionnaires et avec les femmes condamnées aux travaux forcés, dans les prisons de femmes ?*

Cette huitième question se rattachant intimement aux 2ᵉ et 3ᵉ questions de la troisième partie, sous la rubrique *réformes législatives*, il sera préférable de réserver notre réponse et de la présenter, en même temps que celle relative à ces deux questions. Notre avis sera ainsi plus nettement exprimé, et toute répétition évitée.

9° *L'organisation du travail est-elle satisfaisante dans les maisons centrales et dans les prisons départementales?*

10° *Quels sont les avantages respectifs de la régie et de l'entreprise, envisagés principalement sous le rapport des facilités ou des obstacles apportés à la moralisation des détenus ?*

Le travail est organisé dans les prisons départementales de Limoges, de Tulle et de Guéret. Eu égard au régime adopté, l'organisation est satisfaisante dans les deux premières de ces villes ; elle laisse à désirer dans la troisième.

Dans les prisons d'arrondissement, sauf à Brive, il n'y a pas d'occupations régulières ; les détenus ne travaillent qu'accidentellement. L'oisiveté est complète, même dans la maison d'arrêt d'Aubusson.

Les condamnés ne subissant, en général, leurs peines dans ces prisons que lorsque la durée est inférieure, selon les départements, à deux ou trois mois, il en résulte, fait-on remarquer, que le temps est insuffisant pour leur apprendre une profession : l'État supporterait tous les frais de l'apprentissage, et l'on verrait le détenu, libéré de sa peine, le jour où son travail commencerait à devenir productif. Cette observation ne saurait toutefois justifier à nos yeux, ni l'oisiveté complète dans laquelle ils vivent, ni l'odieux et brutal exercice du *tread-mill*, auquel sont assujettis les condamnés dans plusieurs prisons étrangères.

L'obstacle n'est pas aussi considérable qu'on le suppose. Les détenus des prisons d'arrondissement, ou ne connaissent aucun métier, ou savent en pratiquer un. Si le métier auquel ils sont initiés n'exige pas la création d'un atelier, — et il en est beaucoup dans ce cas, — pourquoi ne fournirait-on pas aux prisonniers la facilité de l'exercer? Si cette profession, au contraire, ne peut trouver d'aliment dans cette prison d'arrondissement, pourquoi ne pas employer tous ceux qui demeureraient oisifs, à des travaux très-simples qui ne réclament aucun apprentissage? — Nous avons vu, dans des maisons d'arrêt, des femmes incarcérées pour quelques jours seulement, occupées soit à manier l'aiguille ou la quenouille, soit à trier des laines; des hommes employés aussi à ces triages ou à confectionner, les uns des tresses de paille, d'autres des filets ; l'individu le plus ignorant des règles de toute industrie peut trouver une occupation manuelle : il ne faut pas être très-ingénieux pour la lui procurer.

Si le travail n'est pas organisé dans ces prisons secondaires, c'est que l'entrepreneur ne peut en retirer un notable profit : telle est la *vraie* raison, qui fait ressortir l'esprit qui dirige le travail dans les établissements pénitentiaires. Nous la signalons spécialement à l'attention de l'Assemblée nationale.

Nous avons abordé la question du *travail,* sans vouloir même essayer d'en justifier le caractère obligatoire vis-à-vis des condamnés. Offert au prévenu, qui est libre de l'accepter ou de le refuser, il doit être imposé à celui qui subit une peine : ce principe est admis presque universellement. Les voix discordantes sont tellement perdues dans l'ensemble que nous croirions superflu, au cours de ce rapide examen, d'insister sur ce point, bien que nous ayons le regret de distinguer au nombre des dissidents, Benjamin Constant, dans son commentaire substantiel des œuvres de Filangieri.

M. Frédéric Hill a posé au congrès de Londres une question souvent agitée : « Le travail dans la prison doit-il être purement pénal ou doit-il être industriel ? »

Cette question se lie étroitement à celle de l'Assemblée. Quel est le meilleur régime à adopter ?

L'entreprise est un mode nuisible. Le même homme s'engage à veiller à la nourriture, au vêtement, au travail, à la santé des détenus ; système qui peut être aussi funeste au condamné qu'à la discipline : au condamné, disent avec raison MM. de Beaumont et de Tocqueville, parce que l'entrepreneur qui ne voit dans un pareil marché qu'une affaire d'argent, spécule sur les vivres comme sur les travaux ; s'il perd sur l'habillement, il gagne sur la nourriture, et si le travail produit moins qu'il ne comptait, il s'indemnise, en dépensant moins sur l'entretien qui est à sa charge. Ce système est également funeste à l'ordre dans la prison. L'entrepreneur ne voyant dans le détenu qu'une machine à travail, ne songe, en s'en servant, qu'au lucre qu'il veut en tirer. L'étendue de ses attributions lui donne d'ailleurs une importance qu'il ne doit point avoir. Par l'ascendant inévitable qu'il conquiert sur les gardiens, l'entrepreneur est rarement surveillé, d'une manière efficace ; il a, en général, une position prééminente, une sorte de maîtrise dans nos établissements pénitentiaires.

Il y a là une source d'abus, d'autant plus difficiles à faire disparaître que l'entreprise semble acceptée par la pratique de l'administration française.

Ce mode est le plus simple, il faut en convenir ; il est le moins coûteux ; mais ces deux avantages, très appréciables en eux-mêmes, devraient être sacrifiés, les inconvénients l'emportant de beaucoup sur les résultats favorables. La régie exige plus d'efforts, plus de soins, plus d'activité de la part de l'Etat ; mais elle affranchit les prisons de la domination illégale qui y prend aisément le pas sur l'autorité que la loi investit de sa confiance ; elle éloigne la spéculation ; elle écarte de l'œuvre pure, élevée, désintéressée de la société l'immixtion du mercantilisme.

Dans beaucoup d'établissements pénitentiaires des Etats-Unis, la régie est préférée à l'entreprise, et on a vu, lorsque le principe de l'entreprise était admis, des surintendants de prisons ne pas permettre à l'entrepreneur d'arriver jusqu'au détenu. La discipline qui peut notablement souffrir de la communication, gagnait à cette exclusion.

Votre commission opte expressément en faveur de la régie. Ce qui éloigne de l'adoption de ce mode, c'est la nécessité de compter sur un contrôle actif, persévérant, que l'administration n'est pas habituée à apporter dans ce service En compensation de plus de soins et de dépenses, la régie procure des résultats qui devraient lui mériter la préférence.

Si cet avis n'est pas agréé, si l'entreprise est maintenue, à cause de sa simplicité, nous demandons tout au moins qu'un seul homme, un seul entrepreneur ne soit pas chargé de la gestion entière, que seul il n'ait pas tout à fournir, de la couche du détenu jusqu'à l'éclairage et au chauffage, les éléments du travail comme les médicaments des malades. Par l'universalité de son action, rien ne lui échappe, et l'étendue de ses attributions seconde l'accroissement exagéré de son influence. — Il faudrait morceler les entreprises, avoir celle du vestiaire, celle de l'alimentation, celle du travail, etc., et en fractionnant ainsi l'intervention dans les choses matérielles, empêcher que l'esprit de spéculation ne vînt entraver les efforts de la direction morale. Il faudrait, nous l'avons déjà dit, que l'action intellectuelle à exercer sur les détenus ne fût subordonnée, dans aucune mesure et par aucune clause, aux obligations contractées envers l'entrepreneur. L'État ne devrait jamais restreindre sa liberté en vue de l'instruction et de l'amélioration morale des condamnés.

En dégageant le système pénitentiaire des liens de l'entreprise, on imprimerait au travail des détenus le

caractère pénal qui lui appartient, et le côté industriel ne réussirait pas à effacer ce caractère, qui est
l'aspect principal, essentiel, le premier à mettre vivement en relief. Le condamné doit comprendre que
l'obligation du travail, en même temps qu'elle constitue une consolation pour qui l'accepte avec gratitude,
est une peine, et que les spéculations de l'industrie ne
sauraient dénaturer la pensée génératrice de cette
contrainte. C'est parce que l'entreprise avait commu-
niqué aux labeurs des détenus un cachet presque exclusivement mercantile, qu'un décret du gouvernement
provisoire put, le 21 mars 1848, supprimer le travail
dans les établissements pénitentiaires. La concurrence
que les entrepreneurs faisaient aux autres industriels
se produisait dans des conditions beaucoup trop avan-
tageuses. — Le 9 janvier 1849, le travail fut heureusement rétabli ; mais l'entreprise survécut, quoique un
peu plus contenue dans son fonctionnement.

Dans les maisons d'arrêt, de justice et de correction, la répartition du produit du travail est ainsi
déterminée par le cahier des charges réglé par le ministère de l'intérieur :

« Art. 54. — La portion que les condamnés
» recevront sur le prix de main-d'œuvre sera des cinq
» dixièmes, quelle que soit la catégorie pénale à
» laquelle ils appartiendront. — L'autre portion sera
» abandonnée à l'entrepreneur (représentant l'État),
» conformément à l'instruction ministérielle qui
» accompagne le règlement du 30 octobre 1841. —
» En ce qui concerne le travail des prévenus, accusés

» et détenus pour dettes, l'entrepreneur percevra seu-
» lement les trois dixièmes. »

Le premier paragraphe de cet article résout une question longtemps débattue, à savoir si la répartition doit varier selon la catégorie à laquelle appartient le détenu. — Nous croyons cette uniformité équitable. Nous sommes loin du temps où les condamnés étaient astreints au travail, sans rémunération.

Leur salaire est, en définitive, d'environ les deux cinquièmes du salaire d'un ouvrier libre.

La moitié revenant au détenu lui est remise, partie à sa volonté, au cours de son incarcération ; partie, à son élargissement. Une circulaire du 8 juillet 1829 prescrit très sagement de faire parvenir cette seconde portion, sans frais, au domicile du condamné, lorsqu'à sa libération, son pécule dépasse de 20 francs la somme nécessaire au paiement des frais de route. On le met ainsi en garde contre les tentations, les entraînements de l'heure où il recouvre la liberté. Il importe de tenir la main à la stricte observation de cette règle.

La part qu'il peut dépenser, pendant la détention, ne lui est remise que s'il se rend digne par sa bonne conduite d'obtenir quelque adoucissement. Il serait très désirable qu'on l'engageât souvent à en disposer au profit des siens, lorsqu'ils sont dans la détresse ; il serait aussi un autre emploi à lui prescrire. L'article 4 de l'arrêté du 10 mai 1839 dispose que ces *fonds pourront être employés en restitutions ou réparations civiles ;* ce n'est pas assez ; ce devrait être, non une faculté, mais un devoir : la moitié, par exemple, de cette première part devrait être consacrée, lorsqu'il y aurait lieu, à réparer le dommage pécuniaire causé par le méfait, à raison duquel la peine est subie. Nous voudrions, dans cette proportion, une destination forcée, indépendante de l'arbitraire du condamné. Bentham, fidèle à son point de vue utilitaire, Bonneville, Ferrus, sous l'inspiration de sentiments plus élevés, expriment ce vœu qui a rencontré, le 4 juillet 1859, un éloquent organe en la personne de M. l'avocat général Lévy-Maria Jordão, aujourd'hui procureur général à Lisbonne, présentant au roi de Portugal, dans un magnifique langage, le rapport de la commission instituée pour la révision du Code pénal.

La régénération du condamné étant, plus que l'intimidation et l'expiation, le but poursuivi par la société, il importerait de lui faire comprendre que son premier devoir est de réparer le tort qu'il a causé. Ne serait-ce pas, Messieurs, l'occasion excellente de lui faire entrevoir les perspectives de la réhabilitation, de l'encourager dans cette voie, en lui faisant remarquer que la réparation de dommage est une condition *sine quâ non* pour atteindre ce résultat ? Nous voudrions que la loi sur la réhabilitation fût expliquée à tous les condamnés, dès le jour de la sentence qui les frappe, que le texte de cette loi fût affiché sur les murs des parloirs, des préaux, et que, dans l'enceinte même où le crime est expié, tous ceux qui fréquentent les détenus s'efforçassent, à l'envi, de stimuler vers ce terme les condamnés pour lesquels l'idée du bien n'aurait pas entièrement perdu son attrait. Par une circulaire du 17 mars 1865, M. le Ministre de l'Intérieur rappelait aux administrateurs des établissements péni·tentiaires la nécessité de vulgariser la connaissance de cette loi. Puissent les familles des condamnés être à cet égard éclairées comme les condamnés eux-mêmes, et apporter le concours puissant de l'affection, de la tendresse dans la poursuite de ce but ! — Les ministres des cultes ne pourraient-ils s'initier aux dispositions de cette loi généreuse et la choisir souvent comme sujet de leurs allocutions publiques et de leurs conseils particuliers ?

11° Les pénitenciers agricoles ont-ils donné de bons résultats, et doit-on en multiplier le nombre ?

12° L'organisation et la tenue des établissements d'éducation correctionnelle, publics ou privés, sont-elles satisfaisantes ?

13° Y aurait-il utilité à employer les jeunes filles, détenues dans ces établissements, à des travaux agricoles ?

Les articles 375 du Code civil et 66 du Code pénal, en provoquant l'établissement de maisons de correction pour les condamnés mineurs de seize ans, appelèrent sur eux un intérêt spécial. Il serait, en effet, imprévoyant et injuste de les assujettir aux peines réservées aux adultes et de les envoyer dans les mêmes prisons. La *correction*, unique fin à laquelle la société tend vis-à-vis d'eux, peut être obtenu dans les *maisons de correction* proprement dites et dans les *colonies agricoles*, où ils font l'apprentissage de certaines professions, en même temps qu'ils reçoivent, avec l'instruction intellectuelle, l'éducation morale et religieuse.

L'établissement des *maisons de correction* a précédé celui des colonies agricoles. Beaucoup de villes de France possèdent des maisons de ce genre, auxquelles la maison de la Roquette sert de modèle.

Le ressort de la Cour de Limoges n'en renferme point pour les jeunes garçons qui sont, comme nous l'avons fait observer, dirigés sur Fontgombault; mais il existe depuis longtemps dans notre ville, pour les jeunes filles, la maison d'éducation correctionnelle du Bon-Pasteur, confiée au dévouement des religieuses de l'ordre de Marie-Thérèse, sous la haute direction de M. le vicaire général de Bogenel.

Nous l'avons visitée avec soin, et nous nous sommes ainsi assuré que l'organisation de cet établissement est satisfaisante.

La maison du Bon-Pasteur a été fondée, à Limoges, en 1834. Elle n'était appelée à recevoir, dans les commencements, que les jeunes filles appartenant aux deux catégories dites des *préservées* ou des *repenties*. Depuis 1850, un troisième quartier a été annexé à la maison, celui des *jeunes détenues*. Ce quartier est absolument indépendant des autres : aucune communication n'est permise avec les jeunes filles des divisions voisines.

L'établissement renferme les jeunes condamnées des départements de la Haute-Vienne, de la Vienne, de l'Indre, de la Creuse, de la Corrèze, de la Dordogne, de la Charente, en outre, les jeunes prévenues de l'arrondissement de Limoges et les jeunes accusées, déférées à la Cour d'assises du chef-lieu de ce ressort. Leur nombre total a atteint le chiffre de 80 : il ne dépasse pas actuellement cinquante.

La surveillance y est exercée par les religieuses et, sous leurs ordres, par d'anciennes pensionnaires de la maison, de toute catégorie, qui ont, à leur majorité, manifesté le désir de se consacrer au service de l'établissement, et qui ont été jugées dignes de concourir à cette œuvre. Après un stage réglementaire, elles revêtent même, à leur tour, l'habit spécial de l'ordre distinct et subordonné qu'elles constituent.

Les jeunes détenues sont dressées à tous les travaux manuels ; il n'est pas d'occupations intérieures auxquelles elles n'aient été initiées, lorsqu'arrive le jour de la libération. — On leur donne une instruction primaire complète.

Celles qui ont vécu dans les champs ou qui, n'y ayant pas vécu, ont du goût pour les travaux agricoles, s'y livrent fréquemment dans un très vaste enclos que la maison du Bon-Pasteur a acquis, il y a peu d'années, en vue de cette destination. L'asile réunit ainsi, dans la ville même de Limoges, les avantages des maisons d'éducation correctionnelle et des pénitenciers agricoles.

On ne nous a signalé que deux évasions depuis six ou sept ans. Il est étonnant que les deux jeunes évadées n'aient pu être reprises On redouble de précautions pour prévenir des faits de ce genre.

D'ingénieux moyens sont en usage afin de stimuler l'émulation des jeunes détenues vers le bien. Des distinctions sont accordées à celles qui ont une bonne conduite. Si pendant trois mois, depuis le jour où une première marque honorifique leur a été conférée, aucun reproche n'est encouru, un signe d'estime supérieure leur est attribué ; il faut le porter dignement pendant six mois pour parvenir au degré le plus élevé de distinction. Les élus sont très peu nombreuses : sur cinquante, nous n'en avons compté que *six* du rang le plus envié. Le vénérable supérieur de la maison et les religieuses se louent hautement, dans l'intérêt de l'amélioration des jeunes détenues et de la discipline, de l'organisation de cette modeste hiérarchie, placée sous l'inspiration du sentiment religieux. A quelque degré qu'elles se trouvent, celles qui se rendent indignes de la distinction, en sont déclarées déchues. Au degré le plus élevé, la déchéance est toutefois très rarement prononcée.

Elles sont malheureusement peu nombreuses celles qui, une fois libres, persévèrent dans la bonne voie. La protection de la maison ne leur manque pas ; mais trop souvent elles n'y recourent point, ou bien oublient ses salutaires conseils.

L'organisation du patronage des libérées était insuffisante : M. le Préfet s'est attaché, de concert avec M. le Supérieur, à en accroître l'efficacité.

Le ressort ne renferme aucun *pénitencier agricole* proprement dit, destiné à la correction des enfants.

Mais ce que sait la Cour des établissements de ce
genre, en dehors des trois départements de sa circons-
cription, lui donne une favorable opinion des résultats obtenus et lui inspire le souhait de voir ces colonies se multiplier.

Le type le plus ancien et le plus complet est le célè·
bre pénitencier de Mettray, fondé près Tours, en
1839, par MM. Demetz et de Courteilles. On peut
affirmer, sans crainte d'exagération, qu'il n'était pas
possible de procurer à une œuvre une prospérité plus
ample et de meilleur aloi. Pourquoi n'avouerions-nous
point que, lorsque pour la première fois nous lûmes
le compte-rendu des travaux et des succès de Mettray,
nous eûmes comme la révélation de ce que peut le
système pénitentiaire, quand un homme de bien, assez
confiant en ses desseins et assez dévoué pour sacri-
fier à une telle entreprise sa toge de magistrat, dé-
pense dans l'accomplissement de cette tâche la fermeté, la persévérance et la tendresse d'une belle âme ?
M. Demetz est vivant : il a perfectionné sa création par
des améliorations et des adjonctions admirables; il
assiste à la pleine réalisation de ses vues. Que n'a-
vons-nous, Messieurs, à retracer les efforts et les
résultats merveilleux de Mettray! La Cour d'Orléans
doit être fière de la mission qui lui incombe d'en présenter le tableau.

Sur ce modèle achevé, quoique bien loin de lui par
le succès, ont été créés, en France, un certain nombre de colonies agricoles, qui ont eu des destinées
diverses. Plusieurs n'ont eu qu'une durée éphémère.

Mais d'autres grandissent et prospèrent, — chez nous, en Angleterre, aux États-Unis et ailleurs, — à la satisfaction des populations et des magistrats, témoins des salutaires effets que produit sur plus d'un adolescent rebelle une autorité vigoureuse, en même temps que paternelle. L'abaissement du nombre des récidives, sous cette influence, est un titre qui recommande ces colonies à la faveur publique. L'échec des entreprises qui n'ont pas abouti doit être reproché, non au système, mais aux circonstances ou aux hommes. Les enfants les plus vicieux devraient être toutefois maintenus dans les maisons de correction, en leur proposant comme un stimulant vers le bien, la perspective d'être envoyés dans une colonie agricole, dès qu'ils auraient donné des gages de dispositions meilleures.

Nous adhérons pleinement, Messieurs, aux remarquables appréciations exprimées en faveur des colonies agricoles, par M. l'avocat général Stainville, dans son discours du 3 novembre 1868, à l'audience de la Cour de Nancy, sur la *répression pénale des fautes de l'enfance.*

Quant à l'utilité qu'il y aurait à employer aux travaux agricoles les jeunes filles condamnées, il est impossible de se prononcer, d'une manière absolue. Si la jeune fille connaît déjà une profession étrangère à l'agriculture, si sa constitution est peu faite pour les travaux des champs, il ne saurait y avoir lieu de l'y employer. — Si, au contraire, elle appartient à une famille de cultivateurs ou si, d'ailleurs robuste, elle n'est initiée à la connaissance d'aucun métier, nous la verrions volontiers livrée, de préférence, aux occupations agricoles.

Il est aussi une considération des plus graves. Les jeunes filles ne devraient être consacrées aux travaux de la campagne que lorsque des précautions, absolument satisfaisantes, enlèveraient à leurs instincts, trop souvent immoraux, les facilités inhérentes à une vie moins surveillée.

14° En résumé, quelles sont les réformes partielles et urgentes qu'il serait possible d'introduire, dès à présent, dans les établissements pénitentiaires ?

La tendance à réformer est, relativement à la plupart de nos lois, le plus souvent imprudente, sinon téméraire. On ne saurait néanmoins appliquer, en termes absolus, cette appréciation au système pénitentiaire. Ses règlements sont sur plus d'un point vulnérables. Mais ce serait se méprendre singulièrement sur le résultat à attendre des modifications jugées nécessaires, que de trop espérer du seul fait des réformes. Les lois changent, les hommes ne changent point, et ce sont les hommes, leur caractère, leurs principes, leur droiture, qui importent plus que l'excellence des lois elles-mêmes. Aussi, avant de réformer la législation, demandons que des dispositions nouvelles animent les esprits à l'égard des détenus. Beaucoup disent : « Il est inutile de toucher aux règlements » actuels ; les résultats demeureront identiques. » Ils ont raison, si la société et ses représentants persévè-

rent dans la même répulsion envers les condamnés ;
si ceux-ci sont laissés comme dans des oubliettes
morales. — Au contraire, il y aurait beaucoup à espérer d'un élan des âmes vers eux : nous préférerions
cet élan, avec des règlements très défectueux, plutôt
que des lois parfaites, avec l'inertie.

Le vrai mal, — ne déguisons pas le mot, — c'est
donc en cela, comme en beaucoup d'autres sujets,
l'*indifférence*. Administrateurs, magistrats, hommes
publics, reconnaissons que la société ne remplit pas
tous les devoirs qui lui incombent. Vous devez plus
d'une fois, Messieurs, éprouver, comme nous, une impression pénible, lorsque, voyant s'éloigner de la
barre de nos juridictions des hommes frappés par vos
arrêts, vous vous dites qu'il n'y a guère à espérer de
les voir sortir meilleurs des lieux où vos sentences les
envoient. Il y a donc un pas à faire vers eux. Aussi
toute réponse relative à un projet de réforme doit-elle,
avant de toucher aux règlements, se résumer en ces
termes : *Ce qui est par dessus tout essentiel, c'est que
les hommes honnêtes, généreux, s'occupent des détenus, les fréquentent, ne fuient pas, mais recherchent
leur commerce.* — Après cette première réponse, si
l'on en provoquait une autre, nous formulerions encore
la même, et nous la répéterions à satiété, tant il est
certain que là, et là seulement peut être la solution du
problème.

Après avoir exprimé cette pensée qui domine toutes
les autres considérations, nous demanderions : l'interdiction absolue, *pour quelque cause que ce fût,* de la

cohabitation de deux ou trois détenus dans une même cellule ; — la création dans tous les établissements pénitentiaires d'une section *de préservation* ou *d'amendement* pour les moins mauvais ; — la modification de l'article 613 du Code d'instruction criminelle dans le sens que nous avons indiqué, l'action de l'administration étant insuffisante, malgré la surveillance des directeurs et les tournées des inspecteurs généraux, et le contrôle des parquets demeurant manifestement inefficace dans les conditions où il s'exerce aujourd'hui ; — toutes les mesures praticables pour que l'accès des quartiers de femmes soit interdit aux gardiens de l'autre sexe, ou du moins, en cas d'obstacle absolu, pour qu'il soit rendu aussi rare que possible ; — une meilleure organisation et des garanties quant au fonctionnement de la justice disciplinaire dans les prisons départementales et les maisons d'arrêt d'arrondissement ; — l'installation de l'enseignement primaire dans toutes les prisons, sans exception, et un enseignement religieux plus complet ; — l'organisation du travail dans tous les établissements pénitentiaires ; — la substitution de la régie à l'entreprise, ou, si l'on ne peut s'y décider, des précautions de tout genre contre les abus inhérents à ce dernier régime ; — l'emploi des fonds, provenant du travail des condamnés, dans les conditions que nous avons proposées ; — en un mot, les différentes mesures sur lesquelles nous avons eu l'honneur de retenir votre attention.

Il est un usage fort nuisible au bien du service et dont pourraient être cités de nombreux exemples.

Par suite de considérations souvent peu fondées, il arrive que l'on maintient dans les maisons d'arrêt d'arrondissement des condamnés qui devraient subir leur peine dans des prisons départementales, ou bien dans ces dernières prisons des gens qui ont encouru une peine de plus d'un an d'emprisonnement. Il y aurait grand avantage à établir aux yeux du public et des détenus eux-mêmes, que les réglements ne comportent pas d'exemption en faveur des condamnés d'une classe quelconque de la société. Pendant que des individus qui ne sont pas plus coupables sont astreints au régime rigoureux des maisons centrales, les condamnés maintenus dans la prison de leur pays sont l'objet de prévenances et d'égards de toute sorte. Ils sont le plus souvent admis dans la familiarité du gardien-chef et gagnent ses sympathies. Voici ce qui advient : à des époques déterminées, les chefs des établissements pénitentiaires sont invités à faire des propositions de grâce. Si le condamné maintenu dans la prison départementale eût été écroué dans une maison centrale, il n'aurait pas été dans une situation particulière ; beaucoup d'autres détenus se seraient trouvés placés dans la même position que lui, et il n'aurait pu compter sur une proposition favorable. Au contraire, ce condamné étant, en général, seul de sa catégorie dans la prison départementale, l'attention se portant spécialement sur lui, la bienveillance du gardien-chef lui étant acquise, en retour de quelques services obtenus de son intelligence ou de sa plume, il arrive que, dans un très court délai, des

4° A titre de peine disciplinaire.

Si nous préférons, en principe, le régime cellulaire, c'est qu'il nous paraît procurer, mieux que tout autre, et sans les inconvénients redoutés, le résultat moralisateur, objet principal des efforts. Mais nous ne voulons de l'isolement absolu des détenus, les uns par rapport aux autres, qu'en leur ménageant les relations les plus assidues avec les agents de l'administration pénitentiaire, avec les personnes honnêtes qui s'intéresseraient à leur amendement, en un mot, avec toutes les influences salutaires. L'interdiction radicale de tout contact avec le mal doit être nécessairement accompagnée des plus grandes facilités assurées à l'action du bien. C'est d'un tel système que nous entendons parler ; le régime que se dépeignent certains esprits serait barbare : quelle est la voix qui s'élèverait pour le défendre ?

Il est des adoucissements qui tempéreraient les rigueurs du système cellulaire, bien compris. Outre le travail, la promenade à l'air libre, les entretiens religieux ou moraux, combien de faciles innovations ne concourraient pas à rendre aux condamnés leur situation moins lourde ! De judicieuses observations se sont produites, pendant les délibérations de la Cour, sur ce sujet. L'existence de l'homme, a fait remarquer M. le Procureur général, est une suite ininterrompue d'impressions qui se succèdent et qui par leur variété retrempent l'esprit autant qu'elles le reposent. De même que sur nos routes, la vue de la borne kilométrique fixe l'attention du voyageur et entretient en lui un mouvement qui le seconde soit contre l'ennui, soit même contre la lassitude; de même la sonnerie d'une horloge, interrompant la monotonie de la durée et annonçant aux condamnés l'heure du jour ou de la nuit; — l'aspect, sans obstacle inutile, de la profondeur du ciel, l'éclat de la lumière ou les figures mobiles que retracent les nuages; — la vue d'un mur, dont la couleur ne serait pas d'une désespérante uniformité, l'inscription de maximes morales, qui pourraient être renouvelées, — en mettant quelque chose à la place du néant, en introduisant la vie dans la solitude même, amélioreraient l'application du système cellulaire. L'âme est de courte haleine, *di poc' alito cattiva*, a écrit Silvio Pellico : ce serait lui ménager autant de ressources, autant de haltes où elle renouvellerait ses forces. Ces différentes observations, en apparence d'un ordre purement physique, touchent plus qu'on ne pourrait être disposé à le croire, au monde psychologique, à la vie de la pensée. Il est désirable de voir réaliser les vœux qu'elles expriment.

II. — Patronage et Surveillance.

1° Quel est, dans l'état actuel des choses, l'assistance donnée aux libérés adultes et aux jeunes détenus des deux sexes, soit par l'administration des prisons, soit par les directeurs des établissements pénitentiaires, soit par les sociétés de patronage, soit par les particuliers ?

Nous venons d'examiner, Messieurs, la première partie du questionnaire. Nous arrivons à la seconde, qui se préoccupe du sort des condamnés, à leur libération. Il s'agit d'étudier *les moyens de reclassement des libérés dans la société*. Avec quelle sollicitude ne doit-on pas venir en aide à leur faiblesse, à cette époque de *convalescence morale,* dont MM. Bonneville et Bérenger ont si vivement mis en relief les difficultés et les besoins ! « *Lancer un criminel dans la circula-* » *tion, sans qu'il soit amendé, c'est frapper sur la* » *société,* dit Livingston, *une contribution dont le* » *montant n'est pas déterminé.* » Après avoir veillé à l'amélioration du condamné pendant la détention, il importe donc de ne pas l'abandonner, afin que, s'il est possible, il ne cède pas de nouveau à ses instincts pervers ou au découragement. Il faut chercher à ne point payer la contribution, dont son passé nous menace, à le prémunir lui-même contre d'autres châtiments, à le soutenir vers la régénération.

D'autre Cours auront la satisfaction, celle de Paris surtout, d'exposer les moyens employés pour assister les libérés adultes et les jeunes détenus des deux sexes, à leur sortie de prison; agréable tâche que nous n'avons malheureusement pas à remplir. Rien n'est entrepris vers ce but, dans ce ressort, si ce n'est pour les jeunes filles, qui sortent de la maison d'éducation correctionnelle établie à Limoges. — Les particuliers peuvent isolément secourir les libérés et leur frayer la voie; mais leur bienfaisance est couverte du secret même de la charité.

La Cour s'associerait avec empressement aux efforts qui seraient tentés pour organiser cette assistance et susciter la formation de sociétés de patronage.

2° Que pourrait-on faire pour rendre cette assistance plus efficace, sans modifier la législation pénale et le régime actuel des établissements pénitentiaires ?

3° Doit-on particulièrement développer l'institution des sociétés de patronage et comment doivent-elles être organisées ?

4° Les commissions de surveillance auprès des prisons départementales pourraient-elles être employées à l'œuvre du patronage ? — Ces sociétés fonctionnent-elles régulièrement ? — S'il n'en est point ainsi, pourquoi et comment sont-elles tombées en désuétude ?

5° Existe-t-il, en dehors des sociétés de patronage, d'autres moyens de venir en aide aux libérés ?

Le rapport adressé à l'empereur, le 6 octobre 1869, par le ministre de l'intérieur posait notamment ces

questions et réclamait toutes les informations de nature
à les éclairer.

Le patronage des libérés adultes n'est prévu par
aucun règlement. Il a été créé dans quelques villes des
associations qui poursuivent ce but ; mais il n'existe
aucune organisation régulière.

Les jeunes libérés sont moins délaissés.

L'article 21 de la loi du 5 août 1850 porte : « *Un règle-*
» *ment d'administration publique déterminera le mode*
» *de patronage des détenus, après leur libération.* »
Le règlement n'a point été rédigé. Mais l'intervention
législative avait été devancée par l'initiative d'hommes
dévoués. Des sociétés de patronage ont été fondées
à Paris et dans quelques départements : l'association
de Paris, avec son annexe de Mettray, a obtenu et obtient tous les jours de remarquables succès. La *Société*
de patronage des jeunes libérés de la Seine, en exercice
depuis 1843, est, en effet, proposé comme modèle dans
tous les ouvrages français et étrangers, écrits sur ce
sujet. Elle est parvenue à abaisser le chiffre des récidivistes dans une proportion énorme, ce qui est le *crite-*
rium de la salutaire efficacité de son action. Ses statuts
sont particulièrement dignes de remarque.

La province n'a point les immenses ressources de
la capitale : aussi le succès est-il bien moindre et
l'œuvre n'est-elle même pas élaborée dans de grandes
villes. Espérons que l'avenir comblera ces lacunes.

Pour répondre complétement à la demande de l'Assemblée nationale, nous aurions à développer notre
avis sur l'organisation même des sociétés de patronage

Sans aborder les détails, nous toucherons aux deux difficultés principales.

L'Etat doit-il constituer lui-même les sociétés de patronage et être dès lors, le cas échéant, le tuteur des jeunes libérés? Nous ne le pensons pas : son action trop officielle ressemblerait bien vite à une *surveillance de police*, surveillance dont les côtés bienfaisants n'effaceraient pas le caractère peut-être excessif.

A l'État appartiendraient le contrôle, la vérification incessante, la mission, en un mot, de s'assurer que les lois et les règlements sont observés; mais le patronage pourrait être organisé partout, sans son action directe.

Il existe, auprès des prisons départementales, des commissions de surveillance, dont le rôle n'a plus qu'un objet très restreint depuis l'ordonnance du 25 juin 1823, surtout à partir de 1855, époque à laquelle le service de l'inspection a commencé à tout absorber. La quasi-inaction des commissions de surveillance, l'irrégularité de l'accomplissement de leur tâche doivent être attribuées au défaut d'attributions précises. Il conviendrait de les relever, d'établir des sous-commissions dans chaque chef-lieu d'arrondissement, de leur communiquer une vie plus active, en leur rendant quelque chose de l'autorité dont elles étaient investies avant cette ordonnance. Ces commissions serviraient utilement de pivot à l'œuvre du patronage. Elles seraient, dans chaque département, le centre des sociétés que l'initiative privée, que la charité feraient surgir : à elle appartiendrait, lorsqu'il y aurait lieu, la tutelle des jeunes libérés. Autour de la commission se grouperaient des sociétés qui se composeraient de membres ayant leur résidence, sinon dans toutes les communes, du moins dans chaque canton ; ainsi s'édifierait et se généraliserait l'organisation du patronage, secondé et stimulé par l'État, — dirigé, régi par les commissions de surveillance, — pratiquement exercé par des sociétés particulières, aux formes variées et dont les rapports avec ces commissions seraient nettement déterminées. Dans cette combinaison de l'unité de contrôle émanant de l'État, de la direction de commissions qui tiennent à la fois du monde officiel et du milieu privé, du concours de la bienfaisance individuelle, pourrait se trouver la solution du problème d'organisation de l'institution du patronage.

Le second des points principaux à considérer touche au mécanisme même de cette œuvre. On ne peut la concevoir sans *lieu d'asile*, où les bonnes résolutions viendraient se fortifier, les mauvais instincts s'émousser, — où un repos honorable serait assuré, au temps soit de chômage, soit de maladie, — où les sentiments de sympathie se resserreraient entre les protecteurs et les patronnés et qui serait comme le siége de l'œuvre. Là se concerteraient les mesures pour procurer du travail, pour s'enquérir de la conduite des jeunes libérés chez leurs chefs d'atelier, ou mieux encore chez les agriculteurs, au service desquels ils seraient placés, et pour subvenir à tous leurs besoins tant matériels que moraux.

Nous craindrions, en abordant les questions de ressources, de pécule, d'apprentissage, de discipline, de dépasser les limites de notre cadre. — Proposer la constitution de l'œuvre, à l'aide du triple élément dont nous désirons la fusion, et la centralisation des efforts dans un lieu d'asile, urbain ou rural, surtout rural, c'est, croyons-nous, tracer les grandes lignes de l'organisation à édifier.

Si, comme nous l'avons déjà dit, le patronage des jeunes libérés n'est pas assez généralement établi, il existe du moins, en quelques villes, à Paris surtout, dans d'excellentes conditions. C'est sous les auspices d'une intelligence et d'un cœur d'élite, de M. Charles Lucas, que la première société fut fondée, en 1833, pour les garçons libérés. Mmes de Lamartine et de Lagrange suivirent, dès 1836, cet exemple pour les jeunes filles, dans l'*ouvroir de Vaugirard*. La Belgique et la Hollande entrèrent bientôt après dans cette voie.

Ces sociétés toutefois n'ont guère pour but que la protection à accorder aux jeunes gens : le patronage des *libérés adultes* n'a été jusqu'à ce jour l'objet que d'essais ou d'efforts isolés.

Il serait cependant éminemment opportun de mettre fin à l'abandon dans lequel sont laissés les condamnés qui ont dépassé l'époque de la majorité. « Le *patro-* » *nage*, a dit M. de Lagrange, dans la séance de la » Chambre des pairs, du 19 juillet 1839, *est l'âme du* » *système pénitentiaire*. » Le congrès de Francfort a déclaré, en 1846, que c'était « *l'indispensable complément de toute réforme.* »

Pourquoi ces deux termes *condamnation* et *patronage* ne sont-ils point inséparables? — Le coupable, par le seul fait qu'il est condamné, ne devrait-il pas recevoir, à l'instant même, un protecteur? Sans patronage, Messieurs, l'idée de condamnation demeure à l'état de notion imparfaite.

L'organisation des sociétés relatives aux jeunes libérés pourrait être aisément étendue aux libérés adultes. En créant, — c'est à peine s'il est besoin de l'indiquer, — pour centre de relations un lieu distinct de celui choisi pour les adolescents, on pourrait avec le même concours de l'État, des commissions de surveillance et des sociétés particulières, assurer la protection des condamnés majeurs, à l'expiration de leur peine

De même que des *lieux d'asile* sont nécessaires pour les jeunes libérés, de même des *maisons de refuge* seraient pour les mêmes causes et dans le même but, puissamment utiles au succès du patronage des adultes. La *Solitude de Nazareth*, fondée, à Montpellier, par M. l'abbé Coural, l'établissement de M. de Barolière, à Lyon, constituent, pour les femmes, la preuve que ce moyen d'assistance pourrait être généralisé. Plusieurs villes de France sont, du reste, dotées, en ce moment, de maisons semblables.

Aux institutions urbaines sont même préférées les *colonies agricoles de refuge*, que préconisent MM. Léon Faucher, Wolowski, Ortolan, et qui sont beaucoup plus appropriées aux travaux des hommes. Ces colonies ont été l'objet de vives critiques : un publiciste belge, M. de Molinari, les a attaquées dans le dictionnaire d'*Économie politique*; néanmoins on ne peut nier qu'elles n'aient produit de bons résultats : témoins les colonies hollandaises de Frederik's Oordt et d'Ommerschats, dont M. Alphonse Esquiros a présenté l'intéressant tableau dans son livre sur *la Néerlande et la vie néerlandaise*.

Nous ne pouvons parler, dans ce ressort, de colonies agricoles, sans citer avec éloge l'essai prospère que poursuit, dans la Corrèze, à 12 kilomètres de Tulle, un homme de bien, digne de vos encouragements. La colonie de Rabès que dirige, dans la commune de Cornil, M. le docteur Tériou, n'a pas, il est vrai, le but dont nous vous entretenons; mais elle s'y rapporte, à différents points de vue, et en lui consacrant quelques lignes, nous montrerons avec quelle facilité elle pourrait, étendue, devenir l'une des colonies de refuge des libérés adultes.

Cet établissement est en pleine voie de succès : il reçoit, indépendamment des indigents et des mendiants de la Corrèze, ceux des départements du Cantal, de la Haute-Loire, du Puy-de-Dôme et de la Dordogne. Sa population normale est de 150 pensionnaires. La colonie est placée sous l'autorité du préfet et sous la surveillance d'une commission de cinq membres.

De vastes bâtiments servent au logement, ainsi qu'à l'exploitation d'un domaine de 30 hectares, qui en dépend. On y érige actuellement une chapelle, qui va être terminée.

La division entre les hommes et les femmes est exactement établie. Les premiers, lorsqu'ils sont valides, sont employés aux travaux des champs et reçoivent un salaire proportionné à leurs labeurs : une partie leur est remise comme argent de poche ; l'autre forme un fonds de réserve, qu'ils touchent, à leur sortie. — Les femmes sont adonnées dans la maison à des occupations diverses.

Le service intérieur est fait par des religieuses de l'ordre de Nevers, qui se consacrent « *avec un admirable dévouement,* écrit M. le Procureur de la République près le siège de Tulle, *au soulagement physique et à l'amélioration morale* » des pensionnaires de Rabès. — M. le curé de Cornil leur adresse des instructions et célèbre les offices.

« *En résumé,* ajoute M. le Procureur de la République, *cet établissement est parfaitement organisé*
» *et il répond complétement au but qu'il est destiné à*
» *atteindre. Il est pour les indigents et les infirmes un*
» *refuge, où ils trouvent le bien-être matériel et les*
» *consolations religieuses ; ceux que la paresse seule*
» *y conduit peuvent y reprendre l'habitude du travail,*
» *d'une vie régulière et se régénérer par le bon exem-*
» *ple et les sages conseils qu'ils y reçoivent.* »

Le département de la Haute-Vienne possède, de son côté, aux portes de Limoges, à Naugeat, un dépôt agricole de mendicité, dont la direction est excellente. L'installation ne laisse guère rien à désirer : l'état de ce dépôt, voisin d'un remarquable asile d'aliénés, est dans une situation satisfaisante. L'administration intérieure en est aussi confiée aux dames de Nevers.

6° La surveillance de la haute police, telle qu'elle est organisée, soit par le décret du 8 décembre 1851, soit par l'article 44 du Code pénal, est-elle favorable ou contraire à l'action du patronage ?

Votre commission considère la surveillance de la haute police, telle que l'organise, soit le décret de 1851, soit l'article 44 du Code pénal, comme nuisible à l'action du patronage. Les inconvénients qui résultent de l'une ou de l'autre de ces réglementations ont été bien des fois mis en relief : publicité durable donnée au fait de la condamnation, — méfiance et mépris presque inévitables, — difficulté pour le surveillé de se procurer du travail, — obstacles qu'il rencontre, en vue d'un établissement quelconque et même de sa régénération, — découragement qui conduit à la récidive, — disparition de beaucoup de surveillés, — ruptures de ban incessantes, — ce sont là de graves objections contre cette mesure. Des publicistes très distingués lui sont hostiles ; plusieurs des législations nouvelles, par exemple, en Portugal et dans une partie de l'Allemagne, ne la reproduisent pas. Néanmoins l'article 33 du dernier projet, savamment élaboré, qui va être soumis au Parlement italien, la maintient, en la renfermant dans d'étroites limites.

Introduite dans les règlements généraux du dix-septième siècle, — aggravée par l'ordonnance de

Louis XIV, de 1704, — inscrite, avec des dispositions exorbitantes, dans le sénatus-consulte du 28 floréal an XII, la surveillance de la haute police a été, dans notre siècle, successivement régie par la loi du 19 ventôse an XIII, — par le Code pénal de 1810, qui en élargit le cercle, — par la réforme de 1832, enfin par le décret du 8 décembre 1851.

Un décret du gouvernement de la défense nationale, du 24 octobre 1870, dispose en ces termes :

« Art. 1er. — Le décret du 8 décembre 1871 et la » loi du 27 février 1858 sont abrogés.

» Art. 2. — L'effet du renvoi sous la surveillance » de la haute police sera ultérieurement réglé. »

En ce moment, la surveillance existe-t-elle ?

Oui, répondent deux arrêts des Cours de Rouen et de Dijon, qui considèrent ce décret comme ayant purement et simplement remis en vigueur l'article 44 du Code pénal ; oui, répond aussi une circulaire de M. le Ministre de l'intérieur, du 4 novembre 1871.

L'opinion contraire est soutenue par la commission que l'Assemblée nationale a chargée de vérifier le caractère et la portée des décrets du gouvernement de la défense nationale. « Si ce gouvernement, dit M. Tail-» lefert, organe de la commission, s'était borné à » supprimer le décret de 1851, peut-être aurait-on pu » prétendre que la disposition du Code pénal avait » repris sa vigueur. Mais cette thèse ne serait pas » admissible ; car les auteurs du décret ont nettement » exprimé une volonté contraire, en annonçant que » les effets du renvoi sous la surveillance de la haute

» police *seraient ultérieurement réglés*. De cet exposé
» il résulte qu'il n'existe aujourd'hui aucune dispo-
» sition légale réglementant l'une des mesures qui
» intéressent au plus haut degré la sûreté générale. »

Quoiqu'il en soit de ce point important, sur lequel la Cour n'a pas à se prononcer, en ce moment, demandons-nous quelles règles devraient être établies pour concilier l'application de la surveillance avec l'œuvre du patronage.

Personne ne songe à remettre en vigueur le décret du 8 décembre 1851. Chacun sait qu'aux derniers jours de l'empire, après de longues délibérations, provoquées par le Garde des Sceaux, le conseil d'État allait formuler un projet de loi ainsi conçu :

« Art. 1er. — Est abrogé le décret du 8 décem-
» bre 1851.

» Art. 2. — L'article 44 du Code pénal est remis en
» vigueur. »

Cette solution ne devait être que provisoire ; les règles de la surveillance étaient l'objet d'une élaboration plus profonde.

Si, en effet, le décret de 1851 aggrave le sort des surveillés et les inconvénients de la mesure, l'article 44 est loin de mériter l'approbation. Edicté, en 1832, sous l'influence d'une forte réaction contre la surveillance, cet article a rendu plus sensible le mal auquel il croyait porter remède. Le gouvernement a le droit de déterminer certains lieux dans lesquels il est interdit au condamné de paraître, après avoir subi sa peine (Limoges est aujourd'hui de ce nombre) : en dehors de ces interdictions, le surveillé a le choix de sa résidence ; il lui est loisible d'en changer, à la condition d'indiquer au maire, trois jours d'avance, le lieu où il se propose d'aller habiter, et de recevoir une feuille de route, suivant itinéraire forcé. Avec cette facilité de locomotion, s'était créé promptement *le vagabondage officiel*, qui motiva, en 1844, dans la Chambre des députés, les critiques et les propositions éclairées de M. le comte Beugnot et de M. le président Boullet. A côté du *vagabondage ordinaire*, s'était formé le *vagabondage subventionné*. Les réclusionnaires et les forçats libérés sillonnaient la France en tous sens, de Perpignan à Dunkerque, avec secours de route, sans qu'on eût le droit de leur interdire ces pérégrinations, propices à l'oisiveté et au crime. Ils choisissaient les prisons où il leur convenait de prendre leurs quartiers d'hiver !

Demeurer sous l'application de l'article 44 nous semble donc chose impossible. Comment patroner ces individualités sans cesse en mouvement et qui ne gagnent, du reste, rien elles-mêmes à ce changement ? Le stigmate ne les suit pas moins ; l'exhibition de la feuille administrative leur crée en tous lieux les mêmes difficultés.

Le Code de 1810 renfermait un principe, auquel on sera conduit à revenir et qui peut seul rendre la surveillance compatible avec l'action du patronage. Dans les dispositions de ce Code, avec le droit pour le gouvernement d'assigner au surveillé un lieu de résidence obligée et de s'assurer, à tout moment, de sa présence en ce lieu, la faculté était laissée au condamné de s'affranchir de cette sujétion, en fournissant un cautionnement. Si cette faculté a disparu de notre législation pénale, en 1832, c'est à cause de l'application défectueuse qui en avait été faite, sous l'influence de deux avis regrettables du conseil d'État. Il eût été préférable de conserver le principe, en édictant des prescriptions meilleures pour le faire exécuter. Ce ne serait pas, dans tous les cas, la première fois que l'on remettrait en vigueur une règle abandonnée.

On pourrait autoriser les tribunaux à suspendre l'effet de la surveillance, lorsque le condamné présenterait comme caution de sa bonne conduite une personne domiciliée, offrant toutes les garanties désirables, ou une société de patronage légalement constituée. Le joug de la surveillance de la haute police étant à charge à tous ceux qui y sont soumis, beaucoup de condamnés seraient volontiers portés à rechercher la protection des sociétés de patronage, dans le but d'être affranchis de ce lourd assujettissement. Les sociétés seraient ainsi mises plus sûrement en rapport avec eux : leur ascendant s'étendrait et elle pourrait valoir aux plus méritants le bienfait du cautionnement; cette perspective ne serait-elle pas de nature à stimuler tous les surveillés, en qui ne serait pas éteint le germe des sentiments honnêtes?

Tel est le mode dont l'adoption nous paraît nécessaire pour ne pas entraver l'action du patronage. Le rapport remarquable préparé, en 1870, par M. Migneret, au sein du conseil d'État, aurait conduit à cette solution, si les événements n'avaient empêché l'achèvement de cette entreprise.

Fidèle au programme que nous trace le questionnaire de l'Assemblée nationale, nous n'avons envisagé la surveillance de la haute police qu'eu égard à la mission des sociétés de patronage.

, 7° *L'action du patronage pourrait-elle être fortifiée par l'adoption et la mise en vigueur d'un système de libération préparatoire ?*

Dès 1838, M. Charles Lucas a proclamé la nécessité de la *libération préparatoire.* L'article 9 de la loi du 5 août 1850, relatif aux jeunes mineurs détenus, en a fait une première application qu'il ne s'agirait que d'étendre.

M. Bonneville s'est constitué le chaleureux défenseur de cette innovation, à laquelle ont adhéré, après lui, d'éminents criminalistes. Permettre au détenu, lorsqu'il a donné des signes manifestes de régénération et d'amendement, de sortir de prison, avant l'expiration de la durée de la peine; le soutenir contre les tentations mauvaises, durant l'essai d'une vie meilleure, par la menace de sa réintégration dans l'établissement pénitentiaire, s'il ne se rendait pas digne de la liberté, c'est une pensée élevée, aussi utile à la société qu'au condamné et dont l'application ne compromettrait aucun intérêt. La justice elle-même n'a rien à objecter ; car elle ne souhaite que l'amendement du coupable, et elle juge le but atteint lorsque la répression paraît avoir procuré ce résultat. « *Pœna in emendationem constituitur.* »

L'influence des sociétés de patronage aurait tout à gagner à l'adoption de ce système. Pendant l'exécution de la peine, elles se mettraient en rapport avec le condamné ; elles l'encourageraient à mériter cette preuve de confiance, et, à l'heure de la libération provisoire, elles commenceraient vis-à-vis de lui leur mission protectrice, dans des conditions très-favorables au succès.

Il convient maintenant de donner une idée de la réalisation de ce projet.

Nous avons dit plus haut que le capitaine Walter Crofton, digne successeur dans la direction des prisons irlandaises, des capitaines Knight et Whitty, avait doté son pays d'un système pénitentiaire qui obtient une faveur croissante. Vous savez, Messieurs, avec quel empressement les savants l'ont étudié. Voici le résumé du système, sur lequel nous paraît devoir se porter l'attention de l'Assemblée nationale et qui a obtenu le suffrage de votre commission.

L'Angleterre avait fait, depuis le bill du 20 août 1853, un essai malheureux de la *libération préparatoire :* les limites imposées à ce travail nous empêchent de signaler les causes de cet insuccès. Sur ces entrefaites, au mois de novembre 1855, le capitaine Crofton proposa un ensemble de mesures destinées à la mise en pratique de son nouveau système. Avec l'approbation du gouvernement, il entreprit cette œuvre, en Irlande.

D'après sa réglementation, une peine de plusieurs années de prison, par exemple, se divise en quatre périodes.

Dans la première, qui s'écoule, à Montjoie, près Dublin, et dont la durée, sauf exception motivée, est de neuf à dix mois, les condamnés subissent un emprisonnement cellulaire, sans communication d'aucune sorte entre eux ; — d'abord, pas de travail : tout le temps est consacré à l'instruction morale et religieuse, à des entretiens avec d'honorables visiteurs, à la réflexion ; — le travail est introduit, après avoir été quelquefois désiré comme une faveur.

Durant la seconde période, dont la durée dépend en partie, de la conduite tenue, les condamnés travaillent ensemble pendant le jour, tout en demeurant renfermés, la nuit, dans des cellules séparées. (*Associeted prison.*)

La troisième période de la peine est subie dans ce que l'on appelle la *prison intermédiaire*, le *purgatoire des condamnés* (*intermediate prison, purgatory of prisoners*). C'est la période, dite de *l'individualisation*. Il existe deux prisons de cette catégorie, l'une à Lusk, pour les agriculteurs ; l'autre à Smithfield, pour les artisans. Chacun de ces établissements ne renferme qu'un nombre relativement restreint de détenus, les plus amendés, entre tous les *convicts*. Ces prisons n'ont presque pas de clôture : il est facile de s'évader, et cependant on constatait, à Lusk, il y a trois ans, que sur 1,000 condamnés qui y étaient passés, deux seulement avaient tenté de fuir. On permet même aux détenus de sortir pendant cette période et d'aller chercher du travail au dehors. C'est l'*hôpital de convalescence*, placé entre la prison et la liberté.

Enfin, quand cette épreuve a été favorablement subie, les condamnés sont admis au bienfait *de la libération préparatoire,* concédée par billet de licence, essentiellement révocable, en cas de conduite mauvaise ou même suspecte. Durant cette phase de la répression, comme dans les deux périodes antérieures, les *convicts,* dont la conduite est mauvaise, peuvent être reconduits à Montjoie.

Telle est, en substance, l'économie de cette organisation pénitentiaire, déjà fructueuse et que plusieurs États ont empruntée à l'Irlande. L'ordonnance du roi de Saxe, du 5 août 1862, — les articles 157 et suivants du projet de Code pénal portugais, — l'article 13 du règlement belge sur les prisons, — le bill du 18 août 1864, en Angleterre, appliquent, avec des formes et des précautions diverses, le système de la libération préparatoire : après des études profondes, plusieurs publicistes l'ont loué ; un philanthrope américain, fort estimé, l'a comparé à tous les systèmes en vigueur et en a recommandé l'adoption dans l'État de Massachusset. C'est une conception notable qui exige un personnel sagace et appliqué. Cette préparation successive et comme par degrés, qui tend à améliorer le condamné et à le réintégrer progressivement dans la société, a paru à votre commission le meilleur mode pénitentiaire à suivre.

Considéré soit par rapport à ce système, soit isolément, la libération préparatoire serait, en France, une innovation qui, loin de contrarier l'action du patronage, lui viendrait en aide. Vous connaissez, Messieurs, les pages persuasives, dans lesquelles M. Bonneville de Marsangy développe ce vœu. Tout en optant pour le système cellulaire proprement dit, nous serions personnellement très disposé à voir adopter ce principe : nous ne considérons comme pouvant être nuisibles aux détenus, dans le système irlandais, que les périodes de vie commune.

Mais l'écueil est dans l'arbitraire : c'est ce péril qu'il serait nécessaire de conjurer.

De même que des abus très préjudiciables à la considération due à la justice, ont pu vicier profondément l'œuvre des grâces, de même des faveurs imméritées pourraient discréditer, dans un bref délai, la *libération préparatoire :* on se prémunirait toutefois, sans trop de difficulté, contre ce danger.

Nous voudrions que la juridiction qui prononcerait la peine reçût le pouvoir de déterminer l'époque à laquelle la liberté provisoire pourrait être accordée et que, le moment venu, l'élargissement révocable ne pût même être prescrit que sur l'avis conforme de la juridiction répressive, à laquelle seraient soumis tous les renseignements. Ainsi seraient prévenues les mesures arbitraires. Il ne s'agit, bien entendu, que des peines d'emprisonnement pour plus d'un an et de la réclusion, non de la peine des travaux forcés, sur laquelle nous aurons à nous expliquer. Il n'est guère utile de préciser que le système de libération préparatoire ne peut s'appliquer qu'à une peine de quelque durée, aucune préoccupation semblable ne se présentant à l'esprit pour une condamnation à quelques jours ou quelques semaines de détention.

Pour que les magistrats pussent remplir la mission que nous souhaitons, il serait bon qu'une excellente pratique des États-Unis, déjà suivie chez nous, au grand criminel, par les présidents d'assises, fût étendue à toutes les affaires. Après chaque condamnation, les magistrats devraient rédiger des notes sur les différentes circonstances du méfait, sur la vie antérieure du coupable, sur ses habitudes, ses instincts, sur les faits importants, révélés par l'instruction ou les débats. Ils y joindraient l'expression de leur sentiment sur le degré présumé de perversité du condamné.

Ces notes seraient d'un précieux secours dans l'examen des propositions, soit de grâce, soit de libération préparatoire. Les souvenirs des magistrats seraient consignés, dès la sentence rendue, et le document qui les constaterait serait la première pièce du dossier pénitentiaire intéressant le condamné.

Ces notes seraient envoyées, non avec un extrait seulement, qui n'apprend presque rien sur le méfait commis, mais avec une copie de la décision, au directeur de la prison, qui se rendrait compte ainsi de la conduite à tenir envers le condamné, de la nature des exhortations et des encouragements qu'il devrait employer à son égard, afin d'attaquer avec plus de sûreté les penchants auxquels il aurait cédé, les habitudes qui l'auraient perdu.

N'y a-t-il pas, en effet, là une lacune immense dans notre système pénitentiaire ? — Un condamné entre dans un établissement de répression, avec ces indications à peu près exclusives, *frappé*, par exemple, *pour vol simple, de treize mois de prison*. Le directeur ne possède aucun autre renseignement; il ne sait rien du méfait, de ses circonstances, des informations multiples du dossier, des antécédents du coupable, à moins qu'il n'ait encouru des peines antérieures, et dans ce cas même, il ne connaît que des titres généraux de qualification et une nomenclature de peines ; on ne lui fournit aucun moyen pour approprier, suivant la pensée de Mittermaier, le remède à la maladie, pour combattre le vice dans sa source. Cependant toute l'œuvre pénitentiaire gît dans cette *individuali- sation*, et s'il paraît impossible de juger un homme sans l'élaboration d'une procédure, il nous semble tout aussi impraticable de poursuivre, avec quelque chance de succès, sa moralisation, sans qu'il existe pour chaque condamné un dossier pénitentiaire com- plet, à la place de la feuille imprimée, muette sur ce qu'il serait indispensable de faire connaître et qui n'est vraiment qu'un titre rude et sec, destiné à un geôlier.

La remise exclusive de l'extrait à l'administration nous a attristé, Messieurs, dès le premier jour où nous vîmes fonctionner notre système répressif. Comment demander une action efficace sur les con- damnés à des hommes qui les ignorent, alors qu'ils devraient les connaître aussi profondément que les magistrats eux-mêmes, pour faire jaillir de leurs investigations psychologiques et morales la lumière qui guiderait leurs efforts ?

III. —Réformes législatives.

1° L'amélioration du système pénitentiaire rend-elle nécessaire d'introduire des modifications dans la législation pénale ?

Nous abordons la troisième partie du questionnaire de l'Assemblée nationale, non la moins ardue.

Nous n'entreprendrons point l'examen de toutes les vues justes et de toutes les hardiesses qui se sont produites relativement à notre système pénal. Ce serait une tâche qui dépasserait de beaucoup les limites, l'objet même de ce rapport.

Le 13 décembre 1844, l'un de mes plus éminents prédécesseurs, assis aujourd'hui sur l'un des siéges de la Cour suprême et qui, devenu membre de l'Assemblée nationale, a été élu président de la commission, au nom de laquelle nous sommes consultés, appréciait, en termes remarquables, dans une assemblée générale de la Cour de Limoges, le projet de loi, soumis aux méditations de la magistrature. Le champ d'examen était alors moins vaste, en ce sens que les Cours d'appel n'étaient invités à s'expliquer que sur ce qui est l'objet de la troisième partie de notre étude. M. l'avocat général de Peyramont se fit l'organe d'opinions qui tendaient à n'apporter ni perturbation ni même aucune innovation considérable dans le Code pénal.

Le vœu de votre commission est le même ; cependant elle reconnaît que plusieurs des améliorations proposées rendraient, sur quelques points, nécessaires des modifications législatives : il est à peine besoin de dire que, si le *système cellulaire* ou la *libération préparatoire* était adopté, ces modifications, au lieu d'être partielles, devraient être générales : il faudrait opérer une refonte totale du Code pénal pour mettre ses articles en harmonie avec les principes qui seraient désormais consacrés.

2° L'échelle des peines doit-elle être modifiée, principalement en ce qui concerne la distinction entre l'emprisonnement et la réclusion ?

A cette question se rattache la huitième de la première partie, la seule que nous ayons réservée :

Que faut-il penser de la réunion dans les maisons centrales des condamnés correctionnels avec les réclusionnaires et avec les femmes condamnées aux travaux forcés dans les prisons de femmes ?

La hiérarchie des peines est jetée par les publicistes dans un travail général de recomposition ; on discute avec ardeur le châtiment suprême, objet principal des attaques : il est certes permis à la magistrature, autant qu'aux publicistes, de souhaiter que l'expiation capitale soit très rare ; mais cette peine légitime est trop souvent, hélas ! nécessaire.

Votre commission se prononce pour le maintien, en son entier, de l'échelle pénale, établie dans nos Codes. Elle considère comme dépourvues de valeur pratique, les propositions de supprimer certains degrès, de réformer, en un mot, l'économie de notre organisation pénale.

Votre commission conclut à ce que la distinction entre l'emprisonnement et la réclusion ne disparaisse point. Il est étrange, inique même, — et elle le constate à regret, — que le condamné à l'emprisonnement, pour plus d'un an, subisse sa détention dans les mêmes conditions et dans le même lieu que le condamné à la réclusion. Aussi demande-t-elle expressément que le projet de loi de 1844, qui divisait les prisons en *maisons de réclusion* et *maisons d'emprisonnement,* soit définitivement adopté, que ce même projet qui créait des *maisons de travaux forcés* soit aussi sanctionné, en ce qui concerne les femmes. Car il est inadmissible que les magistrats aient à se préoccuper, comme ils le font à juste titre, d'infliger l'une ou l'autre de ces peines, si le sort des coupables est, dans tous les cas, le même, si, par exemple, la femme condamnée pour vol simple à un an et un jour d'emprisonnement, — celle qui encourt pour avortement cinq ans de réclusion, — la mère qui est frappée, pour infanticide, de dix ans de travaux forcés, sont toutes trois placées, en fait, dans des situations analogues et assujetties, dans les mêmes maisons centrales, à un régime uniforme. Ou bien, il faut des distinctions de fait correspondant aux distinctions juridiques ; — ou bien il faudrait abolir celles-ci, puisque, eu égard aux peines subies, ces distinctions seraient vaines et ne se révéleraient que dans les conséquences accessoires.

Votre commission repousse la seconde partie de l'alternative et pense, comme les auteurs du projet de 1844, que les différences pourraient être, sans difficulté, établies, en fait. Elle n'a pas perdu de vue les thèses développées pour amener la suppression de ces distinctions et, en maintenant une seule peine, celle de l'emprisonnement, pour ne faire admettre que des disparités fondées sur la durée. Elle croit que les distinctions sont défendues par l'expérience autant que par le sentiment public, et qu'on ne pourrait y renoncer sans bouleverser, au détriment de la justice, notre système pénal. Il est, sans doute, difficile de créer par rapport au régime subi, des différences en harmonie avec la diversité même de ces degrés de pénalité ; mais il n'y a point, aux yeux de votre commission, d'obstacle insurmontable, et un obstacle existerait-il, que le fait seul de distinguer les établissements pénitentiaires, où les différentes condamnations seraient exécutées, suffirait à justifier le maintien de l'échelle pénale.

Ce qui importe donc principalement, ce qui réfutera, — votre commission le croit, — bien des critiques, c'est la création des *maisons distinctes,* dont la Chambre des députés votait, en 1844, après de mémorables débats, l'établissement.

3° *Quel doit être le mode d'exécution de la peine des travaux forcés ?*

4° *La transportation doit-elle être appliquée, non-seulement aux condamnés aux travaux forcés, ou doit-elle être appliquée également aux récidivistes et après combien de condamnations ?*

Les bagnes sont, en partie, supprimés : ceux qui subsistent encore disparaîtront bientôt. L'opinion les a condamnés. Nul n'essaiera de défendre ces écoles mutuelles de perversité et leur discipline brutale.

Mais quel mode convient-il d'adopter pour l'exécution de la peine des travaux forcés ?

Deux modes s'offrent à l'étude : la détention cellulaire dans des *maisons dites de travaux forcés,* ou la *transportation.*

Ce dernier système est suivi, en France, depuis un certain nombre d'années. La loi du 30 mai 1854 dispose même que le condamné à moins de huit ans de travaux forcés devra passer dans la colonie lointaine, à l'expiration de la peine, un temps égal à sa durée, et que le condamné à huit ans et au delà ne pourra plus revenir en France.

Le rapport de la commission de la Cour de Limoges s'est, en 1844, prononcé énergiquement contre la transportation. Néanmoins, l'amélioration, par le système cellulaire, des condamnés aux travaux forcés étant impossible, toutes les fois que la peine excède une certaine durée (puisque les partisans même de ce système et le projet de 1844 estiment qu'on ne peut y recourir pendant plus de douze années), la Chambre des députés ne fut pas, sans de sérieux motifs, amenée à introduire dans ce projet de loi, avec l'adhésion du gouvernement, un élément nouveau, la transportation. Les objections que rencontre ce modé n'ont pas, il est vrai, cessé d'être graves, et l'on n'oubliera jamais les résultats désastreux que la spéculation fit produire aux premières colonies pénales de l'Angleterre. Mais la France s'est mise en garde contre les abus que la presse avait stigmatisés avec une légitime véhémence, et la transportation est devenue un mode efficace de répression.

La société peut rejeter de son sein et exclure de toute participation à ses avantages ceux de ses membres qui en menacent le plus l'existence. Elle éloigne d'elle les réfractaires incapables de s'assouplir à ses lois. Elle ne les abandonne point, d'une manière absolue : elle doit s'efforcer de choisir des contrées salubres, de ménager aux transportés toutes les conditions réalisables de retour au bien, de leur procurer des éléments de travail : le travail ordonné n'est-il point le premier pas vers l'ordre moral ? — De même que nous voyons de saintes femmes se consacrer au soin des maladies du corps et y exceller, de l'avis de tous, en dévouement et en sacrifices, de même les corporations religieuses peuvent permettre à la société de s'acquitter, au loin, de ses devoirs de moralisation, en rapprochant pour le guérir le vice de la vertu, en confiant les intelligences et les cœurs les plus malades à des hommes pour lesquels le salut d'une seule âme suffit à récompenser avec usure une longue carrière de labeurs. Du reste, si les colonies pénales sont encore exposées à quelques critiques méritées, des modifications dignes de louange ont été introduites dans leur organisation et des résultats heureux consolent des tristesses des premiers essais.

La France possède dans les mers de l'Océanie d'immenses territoires, dont le climat est sain et le sol doué d'une fécondité, à laquelle l'action de l'homme fait seule défaut. La place ne manque point pour d'importantes colonies pénitentiaires. Il peut y avoir régénération dans une vie et un monde nouveaux.

Les publications du ministère de la marine tendent à confirmer cette pensée : on constatait autrefois 95 récidivistes sur 100 forçats libérés ; aujourd'hui les statistiques des colonies pénitentiaires et les travaux des grâces démontrent que 25 pour 100, au moins, des transportés obtiennent des notes favorables : ce régime, en même temps qu'il délivre la société de la présence des plus grands coupables, peut donc rendre meilleurs un assez grand nombre d'individus, qui auraient été, en France, de plus en plus pervertis et dangereux.

Aussi votre commission pense-t-elle qu'il y aurait lieu de transporter, non-seulement les condamnés aux travaux forcés, mais, en général, les récidivistes. Elle estime que la faculté devrait être laissée aux tribunaux répressifs de prononcer, suivant les cas, cette mesure, après trois condamnations à plus d'un an, chacune, d'emprisonnement, et que la transportation devrait être encourue de plein droit, après cinq condamnations, dont trois (y comprise la dernière), à la réclusion, ou à l'emprisonnement pour une durée excédant un an.

Votre commission estime que, dans de telles conditions, cette mesure n'atteindrait que des natures vraiment rebelles et fortement engagées dans la voie du mal. D'un autre côté, les résultats procurés par le régime de la surveillance de la haute police sont si peu satisfaisants que la diminution du nombre des assujettis constituerait un sérieux avantage.

5° Quel effet produisent les sentences répétées à un court emprisonnement ?

Les condamnations répétées à un court emprisonnement sont aussi nuisibles, au point de vue de l'exemple que dans l'intérêt des coupables. Celui qu'une première flétrissure, qu'une première peine, quelle que soit sa durée, n'a pas pénétré d'une douleur sincère, est peu éprouvé par les condamnations qu'il encourt ultérieurement. N'ayant pas ressenti, la première fois, le déshonneur, il n'apprécie guère les peines que d'après l'intervalle de temps qu'elles embrassent ou le régime qu'elles lui imposent. Le traiter avec indulgence pour ses méfaits ultérieurs, c'est donc, en général et sauf de rares exceptions, être dur pour lui et l'empêcher peut-être de songer à la régénération. Le frapper avec fermeté, c'est le presser de rentrer en lui-même et l'entraîner, par la sévérité même de la leçon, vers une vie meilleure. Quoi de plus nuisible à la justice qu'une correction énervée !

Les sentences répétées à un court emprisonnement demeurent presque sans effet : avec quelle vérité M. Charles Lucas n'a-t-il point mis en relief l'efficacité de l'action du temps dans l'œuvre pénitentiaire !

Mais aucune règle précise ne peut être tracée : à la sagesse du juge de reconnaître que l'indulgence sera miséricordieuse ou, au contraire, défavorable au récidiviste.

Les condamnations à l'emprisonnement ne pourraient-elles être, du reste, avantageusement remplacées quelquefois par d'autres peines ?

Le dernier projet de Code pénal italien est conçu comme suit dans ses articles 23 et 25 :

« Art. 23. — § 1er. Le condamné à la peine du *confino*, qui n'excède pas deux ans, doit demeurer dans la commune de la province qui est désignée par le jugement, à la distance de vingt kilomètres, au moins, de la commune où a été perpétré le méfait et de celle où est établi soit le domicile, soit la résidence des personnes victimes du délit. — § 2, etc.

« Art. 25. Le condamné à la peine de l'*esilio* doit demeurer à une distance de vingt kilomètres, au moins, de la commune où a été perpétré le méfait et de celle où est établi, soit le domicile, soit la résidence des personnes victimes du délit. »

Ces peines nous paraissent dictées par un intelligent discernement des besoins de la répression. Il est des faits coupables qui, sans exiger de peines corporelles, rendent, pendant un certain temps surtout, fort pénible la présence du condamné auprès de la victime.

C'est éviter à l'auteur de l'acte délictueux une détention inutile et assurer, autant à la société qu'à la personne offensée, une juste satisfaction que d'éloigner temporairement le coupable du lieu où il a violé la loi. Le projet a le soin de permettre aux juges de transformer ces peines en détention de durée restreinte, à l'égard des femmes, des mineurs de 21 ans et des étrangers.

Ces dispositions ne sont-elles pas dignes d'attention ?

6° *L'application d'un système de liberté préparatoire rendrait-elle nécessaire la modification du régime des peines, tel qu'il résulte de la législation criminelle et du système suivi pour l'exécution des condamnations ?*

Si le système cellulaire, si l'isolement absolu était adopté, il y aurait lieu de le soumettre aux conditions mûrement élaborées, en 1844, et déterminées par le projet de loi. Il conviendrait aussi d'amoindrir le maximum des peines édictées contre beaucoup de délits et de crimes.

Si le régime choisi était le système irlandais et, avec lui, la combinaison de l'isolement partiel et de la *liberté préparatoire*, il y aurait lieu, au contraire, d'élever, par rapport à un certain nombre de méfaits, le maximum des peines, afin que l'emploi du mode de *libération provisoire* ne réduisît pas à une durée trop courte le temps de la détention. Un travail spécial de révision du Code pénal serait à préparer.

Nous avons déjà indiqué les attributions qu'il paraîtrait nécessaire de conférer aux tribunaux pour la mise en œuvre de ce système, s'il était accepté par notre législation.

7° *Y a-t-il lieu de réviser la loi du 5 août 1850, relative à l'éducation correctionnelle des jeunes détenus ?*

Les établissements d'éducation correctionnelle, les colonies agricoles surtout, exigeraient une surveillance plus active. Établies ordinairement à quelque distance des villes, ces colonies reçoivent de rares visites des représentants de l'autorité, des obstacles d'un ordre tout matériel rendant difficiles des inspections fréquentes. Des mesures devraient être prises pour que les administrateurs, les magistrats, les membres des commissions de surveillance pussent se rendre aisément dans toutes les colonies agricoles, quelle que fût la distance des chefs-lieux d'arrondissement.

Les règles générales tracées par la loi du 5 août 1850 pour l'organisation des maisons d'éducation correctionnelle paraissent devoir être maintenues. Plus d'une amélioration peut encore être introduite dans la pratique, et votre commission s'associe aux vues exprimées par des publications récentes, notamment par l'intéressante étude de MM. Jules de Lamarque et Gustave Dugat. Mais les grandes lignes ne semblent pas devoir être modifiées. L'éducation correctionnelle doit être à la fois *professionnelle, morale et religieuse* : ces termes résument les développements que comporterait le sujet.

En ce qui touche l'institution du patronage, que la loi de 1850 se borne à mentionner, la tâche à remplir législativement serait beaucoup plus considérable.

Le programme de la société de Paris peut servir de

guide : on peut avec confiance le signaler à l'imitation ; mais il lui manque un principe de force, la pleine délégation de la puissance paternelle sur les patronnés. Cette question a été traitée, d'une manière complète, en 1866 et 1870, dans des monographies distinguées, en collaboration avec son neveu, par notre éminent collègue et vénéré ami, M. le président de Robernier, fidèle dans sa retraite aux féconds travaux de toute sa vie.

Ce principe qui fait défaut aux statuts de l'association de la Seine ne peut émaner que d'une loi. Y a-t-il lieu de l'introduire législativement ? Nous le pensons.

Plus du tiers des jeunes détenus sont enfants de gens sans profession, de mendiants, de vagabonds, d'inconnus, de disparus ou de décédés, de repris de justice ou de prostituées.

L'institution du patronage étant une institution qui va au-devant des jeunes libérés, mais qui ne peut s'imposer à eux, il en résulte qu'un grand nombre, — un tiers en moyenne, à Paris, — refusent le bienfait de cette protection. Le fils d'inconnus ou de repris de justice peut, à dix-huit ans, en sortant d'une maison de correction, déclarer qu'il n'accepte aucune tutelle, et, comme la direction de la famille lui fait absolumen défaut, il erre sans surveillance, subit les plus funes tes suggestions et complète l'apprentissage du crime.

Un tuteur peut, sans aucun doute, lui être donné d'une manière spéciale : l'officier du parquet, protecteur-né des incapables, peut faire provoquer dans ce but la réunion d'un conseil de famille. C'est possible, nous en convenons, et ce n'est pas nous, respectueux admirateur de la mission du ministère public, qui contesterions les favorables résultats que procure souvent son intervention. Mais ne serait-ce pas une tâche d'une difficile exécution que celle qui consisterait à donner, par mesures distinctes, des tuteurs à des milliers d'enfants destitués de tout appui moral du côté de la famille? N'est-il pas vrai que ce vœu ne parvient ordinairement au parquet que lorsque quelque modique intérêt pécuniaire, quelque maigre ressource advient, par accident, à l'un de ces enfants abandonnés? — Ces précautions ne seraient-elles pas préférables en vue de la personne, de sa moralité, toujours en péril? — « Le bagage, disent ingénieuse» ment MM. de Robernier, mériterait-il plus de solli» citude que le voyageur? Et si le voyageur est tombé » en démence, — le mineur l'est toujours, avec son » inexpérience et ses passions, — faudrait-il l'aban» donner pour ne veiller qu'à ses colis? »

Sans demander au législateur de placer, d'une manière générale, sous la tutelle de l'État ou des sociétés de patronage, le jeune libéré, le pouvoir ne devrait-il pas être confié aux tribunaux, au moment même où ils statuent sur l'envoi dans la maison de correction, de déclarer qu'à la fin de la détention, les enfants seraient, soit remis à leurs parents, soit soustraits à leur influence funeste ou incertaine pour être placés sous une bienfaisante tutelle? — Sans cette réforme, l'institution si nécessaire des sociétés de patro-

·nage des jeunes libérés se heurtera à des obstacles
très-graves, particulièrement à la résistance mali-
cieuse ou aveugle des adolescents eux mêmes.

L'article 19 de la loi du 5 août 1850 et la circulaire
du ministre de l'intérieur, du 4 juillet 1853, sont
invoqués par quelques jurisconsultes comme donnant
pleine satisfaction à notre souhait et plaçant, pendant
un temps déterminé, tous les jeunes libérés sans
exception, sous la tutelle de l'Etat, après leur libération. Si cette interprétation était exacte, s'il était vrai
que par ces mots *patronage de l'assistance publique*,
le législateur eût voulu, comme le pense le ministre,
résoudre cette grande question du transfèrement de
la tutelle, notre vœu serait satisfait, nous devrions dire
dépassé : car ce serait destituer, quand même et sans
examen particulier; dès lors injustement, tous les
pères des jeunes libérés des droits qu'ils tiennent du
sang et de la loi. — Mais cette interprétation ne nous
paraît pas fondée. Une modification de cette importance ne peut résulter du sens attribué à deux mots,
de signification peu précise, alors d'ailleurs qu'il n'est
nullement parlé de *tutelle* et qu'il n'est point fait
allusion à la difficulté dont nous avons l'honneur de
vous entretenir.

Au législateur à se prononcer et, sans réglementation exagérée, à conférer aux tribunaux le pou-
·voir de conserver la tutelle à la famille ou de la trans-
férer au patronage pour le plus grand bien du jeune
·libéré pendant le trop court intervalle de temps qui le
·sépare de la majorité.

8° *Y a-t-il lieu de modifier les articles du Code pénal qui concernent les mineurs de seize ans, principalement au point de vue de la limite d'âge, au-dessous de laquelle la question de discernement est posée ?*

Une tendance, manifeste en Europe depuis quelques années, conduit les législateurs à modifier les règles admises touchant la minorité, en droit criminel. Plusieurs projets récents déclarent irresponsables l'agent qui n'a pas atteint neuf ans et le sourd-muet, au-dessous de quatorze ans : cette irresponsabilité est posée en principe absolu. — La question de discernement est à résoudre quant au mineur, de neuf ans jusqu'à quatorze, et au sourd-muet, quelque soit son âge. — Pour le mineur, qui a achevé quatorze ans, mais non encore dix-huit, les peines sont diminuées de deux à trois degrés ; pour celui qui a accompli dix-huit ans, mais non encore vingt et un, les peines sont abaissées d'un degré.

Ces déterminations fondées sur l'âge doivent nécessairement varier avec les climats ; elles touchent à des considérations remarquables sur lesquelles il y aurait quelque intérêt à insister. Nous croyons néanmoins pouvoir nous en abstenir, votre commission estimant que les articles du Code pénal qui concernent les mineurs de seize ans ne nécessitent aucune modification. Elle pense qu'il n'y a pas lieu de déclarer, d'une manière absolue, irresponsable le mineur de neuf ans : aux magistrats de décider, selon les circonstances ; elle pense aussi que la limite est exactement fixée à seize ans et qu'il n'y a lieu d'introduire dans nos lois aucune autre distinction entre l'état de minorité, relativement auquel se pose la question de discernement, et la majorité complète. Elle ne croit pas que la pratique judiciaire suggère l'idée d'aucun changement et ne juge point, par exemple, nécessaire de ménager comme une période de transition entre la minorité légale et la majorité absolue. Vous nous permettrez, Messieurs, de réserver personnellement notre opinion.

Il est une mesure législative que l'étude du droit comparé conduit à méditer, c'est la disposition qui inflige une amende aux parents, lorsqu'après avoir obtenu des tribunaux leurs enfants, acquittés comme ayant agi sans discernement, ils sont convaincus de négligence dans l'accomplissement des devoirs qui, en ce cas, leur incombent, d'une manière plus étroite encore, s'il est possible.

9° D'une manière générale, quels sont les points sur lesquels notre législation pénale peut paraître vicieuse, considérée dans ses rapports avec le système pénitentiaire ?

Elles sont nombreuses les questions que nous conduirait à traiter cette dernière demande, si votre commission n'avait cru devoir borner là sa tâche et ne pas se prononcer sur d'autres difficultés.

Nous avons ainsi répondu à toutes les interrogations, et dans l'ordre indiqué. Notre travail est de la sorte moins coordonné, moins un, en apparence. Mais, vous le savez, Messieurs, nous n'avons pas cru devoir substituer un moule qui nous fût personnel à la forme même que nous traçait le programme de l'Assemblée.

Nous reconnaissons les intelligents et louables efforts de la direction des services pénitentiaires, au ministère de l'intérieur; nous n'ignorons point que beaucop d'agents de l'administration apportent dans l'accomplissement de leur tâche zèle et dévouement. Ce sont les principes, les systèmes, l'organisation que nos observations impersonnelles ont pour objet.

Nous avons signalé des abus, des écueils, des périls de tout genre, émis bien des vœux, abordé d'importants sujets de méditation et d'étude, ceux-là même que discutait naguère le congrès de Londres, dont nous aurions voulu, *pour chaque question*, rappeler les débats, si l'exécution d'un tel dessein n'eût par trop élargi le cadre de cette étude. L'enquête actuelle est la plus considérable qui ait été entreprise, en France. Aboutira-t-elle à des résultats féconds? Souhaitonsle, sans exagérer nos espérances. Ce qui importe, plus que toute réforme, nous l'avons dit, c'est de trouver des hommes capables de diriger l'œuvre pénitentiaire et résolus à s'y dévouer. Que le législateur et le gouvernement élèvent, grandissent cette mission, en y conviant les intelligences et les cœurs d'élite. A ce prix, mais à ce prix seulement, sera le succès.

Si, en effet, la virilité des sentiments ne doit jamais abandonner la magistrature, gardienne de la société contre les envahissements du crime, si les temps suffiraient à l'inspirer, il n'est pas moins vrai que, dans l'œuvre pénale, on doit tendre vers l'amendement du condamné, non moins que vers l'intimidation et l'exemple. La seconde préoccupation ne doit point dominer la première.

Ce n'est pas que nous adhérions aux désirs des publicistes qui, sous l'influence d'idées excessives, veulent adoucir outre mesure le sort des condamnés : non : afin que la peine soit redoutée, il faut assujettir les coupables à un régime sévère, dont nous n'écartons que ce qui serait nuisible à la santé du corps ou à celle de l'âme, repoussant, il est superflu de le dire, les châtiments définitivement bannis de notre législation. Mais, sans éprouver envers les condamnés cet excès d'impressions sentimentales, contre lequel s'élèvent avec raison les criminalistes, nous souhaiterions qu'on n'épargnât aucun effort, aucun sacrifice, qu'on ne se lassât pas dans les tentatives entreprises pour conquérir ou rendre au bien ces hommes dont l'amendement moral peut être l'objet d'un sérieux espoir, le jour où l'on parvient à les convaincre que la société, loin de leur avoir infligé une irrévocable flétrissure, aspire ardemment à ce qu'elle soit effacée par leur régénération. L'image de la souffrance la plus imméritée, subie patiemment, et de l'infinie miséricorde n'est-elle point placée, dans tous nos prétoires, au-dessus des sièges de la magistrature, comme pour donner au condamné, dans chaque affaire, le conseil le plus élevé de résignation et lui montrer aussitôt, au-dessus des rigueurs légitimes de la justice humaine, la consolante espérance du pardon ?

Un mouvement intellectuel, hardi autant que profond, a éclaté au dernier siècle, se poursuit de nos jours et se continuera de longues années encore avant d'atteindre le terme que l'œil le plus clairvoyant ne peut discerner. Cette rénovation enveloppe tout : au nom de principes tantôt admirablement compris et appliqués, tantôt méconnus, il n'est rien qu'elle n'ait fortifié ou ébranlé, détruit ou régénéré. L'opiniâtreté du mal trouble et rend incertaine la marche du progrès ; c'est que le vertige est né, à certaines heures, de ce mouvement d'une puissance sans égale dans le passé.

Aussi n'aborderons-nous pas dans ce rapport les conjectures juridiques. A un corps judiciaire s'exprimant sur des projets de révision législative, il n'appartient point de proposer des réformes que l'expérience n'a pas contrôlées, mais seulement d'indiquer les défectuosités, les remèdes, les améliorations reconnues utiles. Vous n'ignorez point, Messieurs, les vœux qui demandent de tenir compte de la détention préventive dans le calcul de la durée de la peine (souhait d'excellents esprits), — de rechercher les moyens d'accorder une réparation aux individus détenus en vertu de poursuites mal fondées (dessein d'une réalisation bien ardue, sinon impossible) ; — de ne plus attacher le stigmate de l'infamie perpétuelle à des peines temporaires ; — de supprimer même totalement cette flétrissure idéale, considérée comme l'un des principaux obstacles à l'amélioration des condamnés ; — d'adopter comme type pénal le châtiment pécuniaire, de préférence à la privation de la liberté ; — d'abolir même, du moins de restreindre dans les plus étroites limites (n'est-ce point une chimère ?) la peine de l'emprisonnement. Nous n'essaierons point, malgré l'attrait séducteur de ses pages, de suivre M. Edouard Desprez, pressentant le livre des pénalités futures. En présence de la progression croissante du mal, de l'augmentation de plus en plus alarmante du nombre des récidives, — signe certain, autant des funestes conséquences de la démoralisation que de l'inefficacité pratique du système pénitentiaire, — les moyens répressifs, actuellement usités, peuvent seuls, *complétés et améliorés*, opposer au mal des barrières qui suffisent à le contenir : le sens moral s'étant de plus en plus émoussé, des peines, d'une action moins directe, seraient moins redoutées.

Aussi ne sauriez-vous croire, Messieurs, aux prévisions des esprits lancés sans frein dans le cours des conjectures et des idées. Vous préférez consulter les penseurs libéraux autant que modérés, éclairés et sages, théoriciens aussi expérimentés qu'érudits, qui ont été ou qui sont encore les organes autorisés de la science pénitentiaire. Vous vous plaisez à interroger, par exemple, les docteurs français, dont nous avons fréquemment invoqué le suffrage et admiré les vues, — les annales de l'Académie des sciences morales, source féconde d'explorations et d'études, — les pages savantes écrites dans le traité célèbre de la *Sécurité publique*, par le jurisconsulte dont s'enorgueillit pour jamais l'université de Pise, — les travaux lumineux, dont le droit pénal a été doté par l'illustre vétéran des criminalistes du monde, endormi, à Heidelberg, dans sa gloire, presque au lendemain de son jubilé, — les enseignements du réformateur des lois criminelles d'Amérique, à la renommée duquel MM. Mignet et Charles Lucas ont, par de nobles travaux, associé leurs noms,— et quelques autres œuvres d'une valeur exquise ; là sont donnés les vrais conseils, ceux qui améliorent les lois, sans en bouleverser l'économie.

Inspiré par la raison, la justice, le génie, le marquis César Bonesana Beccaria jeta de Milan, en 1764, sur le droit pénal de l'Europe et du monde, comme une sentence de mort et à la fois comme un plan de réédification, son livre *des Délits et des Peines*. — Un autre Beccaria n'a point à se lever ; un second arrêt funèbre ne sera point prononcé. La législation du dix-neuvième siècle se perfectionnera progressivement ; nul plus que nous ne le souhaite et n'en reconnaît, en bien des points, la *nécessité* ; mais les plus fortes secousses n'en renverseront point les fondements ; non, ils ne sont pas destinés à sombrer, dans un naufrage suprême, quoiqu'en disent de prétendus voyants, les *principes* immortels sur lesquels repose la législation moderne, en particulier la *science pénitentiaire*.

Après la lecture de ce rapport et la discussion qui en a été la suite, M. le Premier Président en met aux voix les conclusions qui sont adoptées, et il prononce les paroles suivantes :

« Monsieur l'Avocat Général, vous venez de donner
» lecture à la Cour, au nom de sa commission, d'un beau et
» savant travail ; il est remarquable, autant par la manière
» brillante dont il est formulé, que par l'élévation géné-
» reuse des idées et des sentiments qui y sont exprimés.
» C'est l'œuvre d'un vrai magistrat.
» Je suis l'interprète de la Cour en vous adressant ses
» remercîments et ses félicitations. »

Limoges. Imp. Ve H. Ducourtieux, rue des Arènes, 3.

Limoges, Imp. V° H. Ducourtieux, rue des Arènes, 5